AF588691

FACULTÉ DE DROIT DE PARIS

DE LA VENTE A TEMPÉRAMENT

THÈSE POUR LE DOCTORAT

SOUTENUE LE JEUDI 31 MAI 1900, A 2 HEURES 1/2

PAR

Pierre HARDOIN

Président.....	M. Weiss, professeur.
Suffragants...	M. Boistel, professeur.
	M. Thaller, professeur.

PARIS
A. PEDONE, ÉDITEUR
LIBRAIRE DE LA COUR D'APPEL ET DE L'ORDRE DES AVOCATS
13, RUE SOUFFLOT, 13

1900

DE LA

VENTE A TEMPÉRAMENT

La Faculté n'entend donner aucune approbation ni improbation aux opinions émises dans les thèses ; ces opinions doivent être considérées comme propres à leurs auteurs.

FACULTÉ DE DROIT DE PARIS

DE LA

VENTE A TEMPÉRAMENT

THÈSE POUR LE DOCTORAT

SOUTENUE LE JEUDI 31 MAI 1900, A 2 HEURES 1/2

PAR

PIERRE HARDOIN

Président..... M. WEISS, professeur.

Suffragants... M. BOISTEL, professeur. M. THALLER, professeur.

PARIS
A. PEDONE, ÉDITEUR
LIBRAIRE DE LA COUR D'APPEL ET DE L'ORDRE DES AVOCATS
13, RUE SOUFFLOT, 13

1900

TABLE DES MATIÈRES

TROISIÈME PARTIE

Coup d'œil sur la Législation

INTRODUCTION

Nous nous proposons d'étudier ici le contrat de vente, sous l'une de ses formes qui, depuis quelques années, a pris un développement considérable et qui a été accueillie dans le monde des affaires avec une telle faveur qu'on a dû le désigner dans la pratique par un nom spécial : *la vente à tempérament*, appellation heureuse et expressive qui rappelle en un seul mot le caractère distinctif et le but de l'opération.

La vente à tempérament, de sa nature, est une vente à crédit; dans ses applications habituelles, elle s'adresse principalement aux petites bourses; par des combinaisons ingénieuses, elle permet, à ceux qui ne disposent d'aucun capital, d'entrer en possession de certains objets ou de certaines valeurs dont l'acquisition leur serait interdite s'il était nécessaire d'en verser immédiatement le prix total.

La combinaison consiste en ceci, que le vendeur laisse à l'acheteur la faculté de se libérer de son prix au moyen de versements périodiques et presque toujours minimes comparés à la valeur de l'objet vendu.

La vente à tempérament est donc bien en réalité une vente à crédit, mais avec ce caractère particulier que *le prix se trouve divisé en fractions égales, généralement minimes, et qui doivent être acquittées à des époques fixes et déterminées par la convention.*

Tel est le contrat qui va faire l'objet de cette étude.

La vente à tempérament est aujourd'hui d'un usage très général, ses applications innombrables peuvent se ramener à deux classes distinctes : celles qui sont pratiquées dans le commerce proprement dit et celles qui sont en usage dans la Banque.

Pour le commerce, cette sorte de vente est devenue un moyen de mettre à la portée d'un plus grand nombre et des moins riches, des objets coûteux, d'un placement par cela même difficile et qui, grâce à cette combinaison, peuvent être offerts aux travailleurs et à ceux qui ne disposent que d'un revenu restreint. Des industriels avisés comprirent bien vite l'utilité qu'il y aurait à fournir à cette catégorie de consommateurs des objets nécessaires ou commodes, des instruments de travail perfectionnés économisant les forces ou le temps et augmentant la production; ils comprirent les avantages qui résulteraient en même temps pour eux de la création de ces débouchés nouveaux et de cette extension de leur clientèle jusque-là restreinte aux consommateurs assez riches pour ne pas reculer devant le déboursé immédiat d'une somme importante prélevée sur le capital.

Les avantages de cette combinaison devaient tenter presque toutes les branches du commerce, mais quelques-unes l'ont adoptée avec un empressement particulier ; ainsi, les industries du mobilier, les tapissiers, les ébénistes, ont pu procurer leurs meubles et leurs tentures à des familles que leur position dans le monde oblige à un certain luxe dont la dépense serait trop lourde si elle devait être acquittée en une fois. Des facteurs de pianos mettent chaque jour des professeurs à même d'ouvrir des cours et de distribuer leur enseignement ; tous les fabricants d'instruments ou d'outillage d'un prix élevé, tels que machines à coudre, vélocipèdes, automobiles, machines agricoles, et même... irrigateurs, pratiquent dans des conditions dont le détail varie à l'infini la vente à tempérament.

La Banque en a fait aussi une grande application en l'utilisant dans la négociation des valeurs à lots.

L'attrait de ces valeurs, c'est qu'elles font espérer un gain considérable, sans qu'il y ait de perte à redouter. Si la valeur achetée ne gagne pas un lot, elle rapporte néanmoins un léger intérêt ; c'est cette considération qui leur a acquis tant de défenseurs et leur a attiré la bienveillance du législateur si peu porté d'ordinaire, et à bon droit, pour les loteries.

Nous pouvons remarquer en passant que l'intérêt rapporté par ces obligations est inférieur à celui de toutes les autres qui n'offrent pas ces chances de gain et que, pour une chimère, on attire dans un placement médiocre des capitaux qui auraient pu être mieux utilisés.

Or, il faut le reconnaître, ce sont surtout les classes pauvres qui se laissent fasciner par l'attrait de ces valeurs à lots ; ce sont les paysans, les domestiques, les ouvriers, tous ceux enfin qui, dépourvus de revenus fixes, luttent véritablement pour la vie de chaque jour.

Ils sont plus que tous autres séduits par le rêve de gagner sans efforts une somme importante, parce que, plus que tous autres, ils sont à même d'apprécier le repos et la sécurité qu'apporte pour les mauvais jours un petit capital.

C'est ce sentiment très naturel que les banquiers ont exploité, dans le bon ou dans le mauvais sens du mot, peu importe pour l'instant.

En conséquence, ils ont offert au public la combinaison des paiements divisés et échelonnés, estimant qu'il serait facile aux plus modestes de prélever une petite somme sur leurs salaires.

L'expérience leur a montré qu'ils ne s'étaient point trompés, et cette seconde application de la vente à tempérament a pris un développement considérable. Malgré ce succès, les très nombreuses contestations auxquelles elle a donné naissance nous prouvent qu'elle n'a pas toujours, en pratique, donné pleine satisfaction aux parties.

Il nous faut maintenant étudier la vente à tempérament dans les deux applications que nous venons de signaler. Nous aborderons tout d'abord celle qu'en ont faite les banquiers ; c'est là, en effet, qu'elle s'est pleinement développée et qu'elle se montre à nous dans son complet épanouissement.

PREMIÈRE PARTIE

DE LA VENTE A TEMPÉRAMENT DES VALEURS A LOTS.

CHAPITRE PREMIER

ETUDE DE LA VENTE A TEMPÉRAMENT DES VALEURS A LOTS AU POINT DE VUE ÉCONOMIQUE.

L'application la plus intéressante de la vente à tempérament est celle qu'en ont faite les banquiers pour la négociation des valeurs à lots.

On peut la définir ainsi : c'est la vente d'une valeur à lots moyennant un déboursé immédiat très minime et un échelonnement du surplus du prix sur un temps assez long.

L'acheteur paie, au moment de la formation du contrat, une somme modique, eu égard au prix total de l'obligation, 20 francs, par exemple, pour une obligation de 500 francs ; puis le reste du prix est acquitté au moyen de paiements fractionnés, également très modiques, soit 5 ou 10 francs, dont l'échéance et le montant sont fixés d'avance.

Le banquier vendeur ne livre pas le titre d'obligation ; il le garde en nantissement dans sa caisse et se contente de faire connaître le numéro du titre à l'acheteur. Celui-ci devient néanmoins immédiatement propriétaire en ce sens que si son obligation sort au tirage et gagne un lot, fût-ce au lendemain de la vente, c'est lui qui deviendra propriétaire de ce lot et c'est lui qui en profitera.

Cette opération fut imaginée par certains banquiers désireux d'étendre leur clientèle et de trouver des acquéreurs de valeurs à lots dans la classe modeste, que composent les ouvriers, les domestiques, les journaliers et en général toutes les personnes vivant au jour le jour et ne pouvant faire que peu ou point d'économies.

Le prix assez élevé des valeurs à lots semblait exclure toute cette catégorie d'acheteurs, la vente à tempérament les mit à leur portée; on peut dire que l'utilité idéale ou théorique de ce contrat est de permettre à ceux qui n'ont pas de capitaux et vivent de revenus journaliers, de se procurer ces valeurs auxquelles, sans les facilités de la clause de tempérament, ils eussent dû renoncer.

Ainsi cette opération paraît d'une incontestable utilité, et à l'abri de toute critique, tout au moins au point de vue économique! Et, en effet, peut-on dire, qu'y a-t-il à lui reprocher? L'appât d'un lot est essentiellement moralisateur, puisqu'il donne un encouragement à l'épargne et incite l'ouvrier à faire des économies. S'il ne gagne pas un lot, il aura toujours pendant quelques années, placé son argent et en aura retiré un intérêt honnête, tandis que, sans l'espoir de gagner ainsi facilement une grosse somme, il l'eût dépensé au jour le jour, peut-être d'une façon funeste, en tous cas sans profit pour personne.

Beaucoup disent avec M. Mack : « Nous ne voyons « pas d'inconvénient à ce que des courtiers voya- « geurs parcourent les villes et les campagnes pour « donner à quiconque a fait ou cherche à faire des « économies le goût de placements, qui, même en « négligeant la chance du gros lot, offrent actuelle- « ment presqu'autant d'avantages que les meilleures « valeurs financières et industrielles[1]. »

Malgré ces raisons, cette opération a été très vivement critiquée.

Signalons rapidement les principaux reproches qu'on lui adresse ; nous en étudierons plus loin la valeur.

Ses détracteurs lui reprochent d'attirer les petits capitaux vers les valeurs médiocres par l'attrait de la richesse facile toujours si grand mais plus particulièrement séduisant pour les travailleurs, et de les

[1] Mack, *De la Négociation à crédit des valeurs à lots*, p. 4.

détourner de valeurs plus sûres, qui, à défaut d'un lot incertain, rapporteraient toujours des intérêts plus élevés.

Un autre reproche adressé à cette combinaison est que, finalement, l'acheteur paie beaucoup plus cher son obligation qu'il ne l'eût fait au comptant. Le banquier, pour compenser le crédit qu'il accorde et pour se mettre à l'abri des risques qu'il peut ainsi courir, vend l'obligation bien au-dessus de sa valeur réelle, et il le fait d'autant plus facilement que l'acheteur auquel il s'adresse n'est pas initié aux choses de la Bourse et se laisse séduire par les belles promesses des courtiers voyageurs, qui abusent habilement de la situation en laissant dans l'ombre la majoration définitive du prix, et en mettant au contraire en lumière la modicité de la somme à débourser chaque mois par rapport à l'énormité du lot à espérer.

Qu'on se représente l'effet magique produit dans l'atelier ou dans la chaumière par cette phrase : « Cent mille francs pour cinq francs ! »

Telles sont les principales critiques d'ordre économique adressées à la vente à tempérament des valeurs à lots.

Quelle que soit leur valeur elles ne sauraient nous arrêter longtemps dans cette étude d'un caractère purement juridique.

Examinons simplement si l'utilité théorique de ce contrat, que l'on dit être d'encourager l'épargne, est bien sérieuse et si le succès pratique de l'opération ne s'explique pas tout autrement.

Remarquons d'abord que la vente à tempérament de meubles incorporels ne porte exclusivement en fait que sur des obligations à lots : et cela se comprend facilement.

Si je veux acheter une obligation sans lot, et que je n'aie pas pour le moment la somme nécessaire à cette acquisition, je ferai des économies et je placerai en attendant mon argent à la caisse d'épargne par exemple.

Mais quand il s'agit d'une valeur à lots, la situation n'est plus la même, car avant que j'aie pu économiser la somme nécessaire à l'achat de l'obligation, celle-ci aura peut-être gagné un lot : or, c'est au tirage des lots que j'aspire à prendre part, c'est à cette chance de gain qu'il me faut pouvoir participer. Ce qui, en effet, dans une valeur à lots, attire l'acheteur, c'est uniquement l'espérance d'un gain facile et ce ne peut être que cela, puisque l'intérêt qu'on retire de ces valeurs est inférieur à celui que produisent toutes les autres.

Du moment donc que l'attrait de ces valeurs n'est

pas celui d'un placement, mais l'espoir d'un gain dû au hasard, il fallait trouver une combinaison permettant immédiatement, sans ressources actuelles et en escomptant les économies futures, de prendre part aux tirages des lots convoités. C'est là le but qu'a rempli la vente à tempérament.

Ainsi, la vente à tempérament des valeurs à lots est basée sur l'attrait de la foule pour les gains de hasard; c'est là un mobile et un point de départ, qui n'est pas fait pour lui attirer les sympathies des gens sensés et réfléchis. Cependant, malgré cela, on peut même dire à cause de cela, cette opération a trouvé, nous l'avons dit plus haut, de nombreux et d'ardents défenseurs, voici leur raisonnement :

Pour apprécier l'utilité de ces valeurs à lots d'une façon générale, il faut voir quel effet elles produisent et non pourquoi on les recherche.

On les recherche, il est vrai, parce qu'elles permettent d'espérer un gain facile, parce que, grâce à elles, quelques-uns entrevoient la possibilité de s'enrichir sans travail et sans peine, et cela n'est pas d'une très haute moralité; toutefois, l'effet produit par ce désir peu moral, est salutaire : car, pour acquérir ces valeurs, objets de leur convoitise, ceux dont les ressources sont modestes : l'ouvrier, le domestique, le paysan, feront des économies qu'ils n'eussent pas eu le courage de faire sans ce stimulant et cela leur sera toujours profitable.

Si donc l'appât des lots, peu intéressant dans son principe, produit un résultat pratique et économique d'une utilité incontestable, il faut l'approuver. Par suite, on ne saurait trop encourager la vente à tempérament qui, en mettant à la portée des bourses modestes les valeurs à lots, incite à faire des économies ceux qui en ont le plus besoin et qui y sont le moins portés par eux-mêmes.

Ce raisonnement est spécieux ; nous allons essayer de montrer qu'il n'aboutit, en fin de compte, qu'à une illusion.

On nous accorde d'abord que le mobile qui pousse à cette sorte d'acquisition, n'est pas très louable et qu'au point de vue social, il manifeste une tendance qu'il vaudrait mieux réprimer.

Il est déjà étonnant qu'un principe d'une moralité douteuse puisse engendrer des conséquences utiles ; nous allons essayer de démontrer qu'il n'en est rien et que ces conséquences mêmes sont nuisibles.

Il est d'abord un fait certain, c'est que ceux qui recherchent une de ces valeurs, ont en vue uniquement le lot à gagner ; nous entendons bien que si malgré ce but et accessoirement une économie est réalisée, le résultat sera bon, mais voici ce qui se passe en pratique : on achète, en réalité, l'obligation pour participer aux tirages et non pour en devenir propriétaire définitif, de sorte qu'aussitôt après le tirage, si la valeur n'a pas été favorisée d'un lot, on renonce à continuer l'opération, à en acquitter intégralement le prix, et l'on se résigne à perdre ces premiers versements.

On répond à cela que notre raisonnement est faux, et que si les parties n'ont entendu faire, comme nous le supposons, qu'un simple contrat aléatoire, les tribunaux annuleront l'opération qui, dans ce cas, constituerait purement et simplement la vente d'un billet de loterie. Il nous faut donc raisonner sur une vente sérieuse, dans laquelle la cessation des paiements par l'acheteur n'entraînera pas simplement pour lui la perte des premiers versements, mais amènera forcément une revente en Bourse pour le compte de l'acheteur. Grâce à cette revente, une balance s'établira entre le compte de l'acheteur et celui du vendeur, et l'opération se terminera par le paiement effectif d'une différence.

Eh! bien, prenons l'opération telle qu'on nous la présente ; nous disons que là encore, il n'y a pas de placement.

Un banquier vend la veille d'un tirage une obligation à lots pour un prix très majoré, 180 francs, par exemple. Le tirage a lieu, l'obligation ne sort pas; l'acheteur qui n'avait acheté que dans une espérance de gain, refuse de continuer à se libérer et cesse ses paiements.

Un premier versement de 20 francs avait été fait par lui au moment de la conclusion du contrat. La cessation des paiements entraîne, comme on l'exige, une revente en Bourse au compte de l'acheteur.

L'obligation qui avait été vendue pour un prix très majoré, est revendue à son cours normal 150 francs.

La balance s'établit et l'acheteur se trouve donc débiteur de 30 francs, mais comme il a déjà payé 20 francs au moment de la formation du contrat, il se trouve ne plus devoir que 10 francs.

L'opération faite aussi régulièrement que le peuvent désirer les partisans de la vente à tempérament, avec revente en Bourse et paiement d'un solde par l'une des parties se réduit à ceci, en définitive : l'acheteur a payé 30 francs la chance de gagner un gros lot.

Voilà l'économie tant vantée, voilà le résultat moral et heureux de ce placement.

Or, il est facile de constater que c'est ainsi que les choses se passent le plus souvent ; la seule raison nous montre qu'il en doit être ainsi. Si l'on recherche une valeur à lots, nous l'avons déjà dit, et nous ne saurions trop le répéter, c'est uniquement à cause de la facilité du gain, et ce n'est nullement en vue du placement. La chance venant à disparaître, l'acheteur aime mieux se retirer du contrat, quitte à perdre une somme minime, que de se priver plus longtemps en faisant des économies pour acquérir une valeur qui, somme toute, ne lui rapportera qu'un intérêt minime.

Il a conclu l'opération pour courir une chance et non pour faire un placement.

Il nous semble donc bien évident qu'au point de vue économique, il n'y avait pas, en réalité, de placement ; nous allons maintenant, en restant sur ce terrain, et avant d'aborder l'étude de notre contrat au point de vue purement juridique, examiner la question de savoir si notre opération ne devrait pas être prohibée comme trop dangereuse en sa forme, dût-elle même constituer un placement réel et sérieux.

Il est un fait certain, c'est que toutes les opérations à crédit, d'une utilité sociale incontestable, renferment néanmoins de grands dangers.

« *In cauda venenum* », a-t-on dit de l'hypothèque ; rien n'est plus vrai, car le danger de l'hypothèque, par cela même qu'il n'est pas immédiat, échappe plus facilement à l'attention de l'intéressé.

Mais ce qui a été dit de l'hypothèque, on pourrait

le généraliser et l'étendre à toutes sortes de crédit. La base de toutes ces opérations est, en effet, d'escompter la fortune à venir; elles sont toujours passées par l'acheteur quand il se trouve dans un moment de gêne relative. Or, comme on n'accorde guère de crédit sans un gage quelconque, si les circonstances tournent mal pour l'acheteur, ce sera toujours lui qui en souffrira.

Si le danger du crédit existe pour tout le monde, ce sont les plus pauvres, comme ceux qui vivent d'un salaire journalier, qui doivent le redouter davantage, malheureusement ce sont ceux aussi qui en ont le plus besoin.

Le capitaliste qui, dans le moment actuel, n'a pas d'argent comptant, le fils de famille dont les auteurs, encore en vie, possèdent une grande fortune, peuvent se considérer comme ayant la certitude d'être un jour en mesure de satisfaire à leurs engagements. Encore peuvent-ils redouter la banqueroute ou la déconfiture !

Mais combien plus dangereux nous apparait le crédit pour l'ouvrier qui n'a point de capitaux et qui ne vit, lui et sa famille, que du fruit de son travail.

S'il n'a point de ressources suffisantes pour payer aujourd'hui comptant l'objet dont l'acquisition le tente, il y a bien des chances pour que, dans dans quelques mois, il n'ait pas augmenté beaucoup ses ressources. Mais le vendeur offre de telles facilités et le début paraît si aisé que l'ouvrier s'engage en se fiant à l'avenir mystérieux, en comptant sur l'inconnu.

Malheureusement, cet avenir n'apporte le plus souvent avec lui que des charges nouvelles, quelquefois la maladie et la misère.

Cependant, ces inconvénients réels doivent-ils être jugés suffisants pour faire condamner le crédit? Assurément non, car on doit le reconnaître, c'est un levier puissant, une arme indispensable au commerce, mais comme bien des armes vraiment efficaces, elle n'est point sans dangers et ne doit être maniée qu'avec une extrême prudence.

Les dangers du crédit sont si réels et si sérieux qu'on ne doit l'employer que pour obtenir un résultat véritablement utile et assuré.

Il se justifie pleinement, appliqué à l'acquisition d'objets soit indispensables, soit nécessaires, soit même utiles à la vie. Or, l'acquisision d'une obligation productive d'intérêts est certainement utile et mérite d'être encouragée ; mais on ne peut cependant la considérer comme nécessaire et d'une utilité immédiate ; nous ne voyons que l'imminence du besoin seule qui permette de passer par dessus les dangers inhérents au crédit. Quand ce besoin n'est plus aussi impérieux, le crédit ne nous apparaît plus qu'avec ses dangers, qui, se trouvant alors sans compensation, devront le faire prohiber.

Toutefois, on comprend si bien l'utilité dont peut être l'acquisition d'une obligation de cette nature pour les gens dans une situation modeste que l'on accepterait pour eux les risques et les dangers auxquels le crédit les expose, s'il n'y avait aucun autre moyen de faire cette acquisition. La vente à tempérament, avec ses vices et ses dangers, n'est assurément pas le seul mode d'acquisition possible de ces valeurs à lots. Pourquoi, par exemple, ne pas employer pour l'acquisition de ces valeurs le même procédé que pour l'acquisition des autres obligations sans lots?

Pourquoi cette préférence accordée à des valeurs en somme moins intéressantes que les autres?

N'y a-t-il pas un moyen facile de se les procurer? La caisse d'épargne permet de faire sans risques des économies que l'on pourra retirer au moment opportun, en vue de l'acquisition que l'on se propose de faire.

Mais voici l'objection que nous font les partisans de la vente à tempérament des valeurs à lots. Il nous font remarquer qu'ils exigent, pour qu'une pareille opération soit irréprochable, que l'acheteur ait droit, dès le versement de la première prime, aux intérêts produits par l'obligation ; c'est donc, dès le début, un placement sérieux et complet, même avant le paiement intégral du prix, et c'est là le grand avantage qui le fait préférer au placement des économies dans une caisse d'épargne ; grâce à la modicité des intérêts servis par celle-ci, l'opération ne constitue pour ainsi dire pas un placement actuel, mais en permet plutôt un pour l'avenir ; or, il importe beaucoup de permettre à celui qui épargne de trouver la récompense actuelle et immédiate de son économie ; c'est là un grand encouragement à lui donner.

A cela nous répondrons que le plus souvent, au contraire, l'intérêt peu élevé des caisses d'épargne (2 fr. 50 0/0 ou 2 fr. 75 0/0) sera encore supérieur à celui servi par les vendeurs à tempérament, ou plutôt par l'obligation vendue à tempérament.

Souvent, en effet, la participation aux chances de lots se trouvera séparée du droit aux intérêts ; et ceux-ci n'appartiendront à l'acheteur, qu'une fois son prix complètement payé. Il est vrai que, dans la jurisprudence et dans la doctrine, des voix les plus autorisées condamnent cette clause, mais nous essaierons de démontrer plus loin que les motifs que l'on invoque contre elle n'ont guère de valeur.

En tous cas, si nous prenons comme exemple une vente à tempérament ne contenant pas cette clause, l'exagération usuelle du prix aboutit au même résultat et détruit le bénéfice de l'intérêt produit par l'obligation.

Il se trouve en somme que l'obligation une fois acquise ne rapporte qu'un intérêt bien inférieur à celui qu'eût dû normalement produire le capital versé, ou plutôt les intérêts servis pendant la durée du crédit, depuis la conclusion de la vente à tempérament représentent simplement le remboursement fractionné du capital exigé comme supplément du prix normal.

L'intérêt effectif et réel tombe alors à un taux infime ; que devient donc cette supériorité prétendue sur les caisses d'épargne ?

Mais n'est-il pas juste de dire que si le placement n'est pas avantageux, il constitue néanmoins une épargne et que mieux vaut un placement même médiocre que pas du tout. Il est facile de voir par ce que nous venons de dire que très souvent l'opération se traduit par un déboursé pur et simple de l'acheteur, qu'en tous cas le placement est toujours mauvais et que la plupart du temps il n'existe même pas.

L'attrait du lot n'entraîne donc pas, comme on l'a prétendu, à faire un placement, mais il pousse beaucoup de gens à faire une opération qui se réduit pour eux à une véritable loterie.

Voici, en résumé, quels sont, au point de vue économique, les effets de la vente à tempérament des valeurs à lots :

Pour ceux qui entendent faire une opération

sérieuse, ils font un contrat par lequel ils ne toucheront pas d'intérêts réels, tant que le prix ne sera pas entièrement payé et une fois ce prix acquitté, ils n'acquerront qu'une valeur produisant moins qu'une autre.

Pour ceux au contraire qui entendent simplement faire l'achat d'un billet de loterie, l'opération se traduit pour la plupart d'entre eux par une perte sèche. Cela se comprend facilement, car les lots n'étant pas des libéralités, il faut, pour qu'une obligation soit favorisée d'un gain important, répartir sur toutes les autres, les pertes, dont le total composera ce lot.

Il nous semble donc établi que si on se place au point de vue économique, la vente à tempérament des valeurs à lots ne mérite nullement d'être encouragée. Son but théorique, qui consisterait à stimuler l'épargne, est purement imaginaire, et la vérité c'est qu'en pratique ce contrat favorise les opérations de hasard.

Nous allons maintenant étudier cette vente au point de vue juridique et voir si elle ne tombe pas sous la prohibition de quelque disposition du Code ou d'une loi particulière.

Nous avons examiné la question de savoir si la vente à tempérament des valeurs à lots était utile, nous allons examiner maintenant celle de savoir si elle est licite.

CHAPITRE II

ÉTUDE DE LA VENTE A TEMPÉRAMENT DES VALEURS A LOTS AU POINT DE VUE JURIDIQUE.

Cette question a soulevé de nombreux débats dans la doctrine et a donné bien des fois aux tribunaux l'occasion de se prononcer.

Les résultats pratiques de ce contrat, que nous nous sommes efforcés tout à l'heure d'indiquer, ont tout d'abord fait naître une réprobation presque unanime au point de vue de sa moralité ; les tribunaux en ont immédiatement compris le danger, et ont manifesté leur répugnance pour ce procédé de vente. Mais lui porter le coup fatal était fort difficile, car ceux qui l'employaient avaient su si bien s'abriter derrière les apparences de la légalité, que le juge ne pouvait trouver facilement le point vulnérable.

Parfois les tribunaux se jugèrent impuissants à proscrire ces opérations qu'ils réprouvaient et ne trouvant pas dans la loi une arme suffisante, ils durent se résigner à les déclarer valables : mais ils le firent en quelque sorte à contre-cœur, et la lutte entre les hésitations de la conscience et la rigueur des déductions juridiques se manifeste dans des passages comme celui-ci que nous empruntons à un arrêt de la Cour de Nancy (28 décembre 1881) : « ... Si « regrettable qu'ait été le mode de procéder auquel « ils aient eu recours, les prévenus n'ont rien fait « de prohibé !...[1]. »

Cependant la plupart des décisions de la jurisprudence furent défavorables à la vente à tempérament et les magistrats, dans le désir de frapper légalement une opération que désapprouvait leur conscience, s'ingénièrent à trouver des motifs de condamnation.

Plusieurs systèmes juridiques furent successivement imaginés et appliqués, mais tous échouèrent sous les attaques des partisans de la vente à tempérament qui nous occupe. Ceux-ci, à la vérité, avaient tout avantage, car les arguments produits par la jurisprudence n'étaient en général que d'honnêtes subtilités, ingénieuses peut-être, mais sans fondements solides.

Nous osons croire qu'il est possible de trouver dans notre législation une arme dont les tribunaux pourront frapper la vente à tempérament. Elle est plus simple que toutes celles maniées jusqu'à présent par la jurisprudence et qui se sont émoussées

[1] S., 1883; I, 233.

entre ses mains; nous la croyons par contre plus solide et d'une portée plus grande, car en s'attaquant au principe même de la vente à tempérament des valeurs à lots, elle supprime par là même toutes les controverses spéciales à certaines clauses de cette opération.

La faiblesse des arguments présentés par la jurisprudence n'échappa point à la perspicacité d'un de nos plus savants jurisconsultes, M. Labbé. Se faisant le défenseur de la vérité juridique, il les attaqua vivement et avec succès; mais s'il combattit ainsi cette théorie de la jurisprudence parce qu'il la voyait édifiée sur de mauvais fondements, il ne le fit qu'à regret, car elle lui paraissait juste et équitable dans son principe.

Il pense en effet que « les valeurs à lots dévelop-
« pent des désirs irraisonnés et font entrevoir des
« espérances qui ne sont le plus souvent que des
« déceptions. Est-ce ainsi, ajoute-t-il, que l'on entre-
« tient chez un peuple l'énergie du caractère et la
« noble ambition de devoir sa fortune à son tra-
« vail ? Non[1]. »

Plus loin pourtant il s'associe aux conclusions de ceux qui pensent que les valeurs à lots doivent être acceptées, et qu'il faut s'efforcer de les mettre à la

[1] S., arrêt précité, note.

portée de la masse, parce qu'elles invitent à l'épargne.

Mais nous avouons dès lors ne pouvoir comprendre comment on devra considérer comme utile ce qui n'engendre pour la foule « que des déceptions », ce qui détruit chez un peuple « l'énergie du caractère » !

Nous ne saurions accepter qu'en réponse, on nous fasse valoir le grand développement qu'ont pris ces valeurs depuis quelques années et leur succès toujours croissant. Le privilège du théoricien n'est-il pas d'apprécier la valeur d'une chose avec une entière indépendance, en faisant abstraction de l'opinion irraisonnée de la masse ?

Cette conclusion inattendue du savant et consciencieux professeur s'explique par un scrupule de jurisconsulte ; il a examiné les arguments de la jurisprudence, ils lui ont paru sans fondements, c'est pourquoi il les a combattus, car, dit-il, « il faut statuer « non par impression, mais par logique, sous l'em- « pire d'une loi positive ».

Aussi tout en faisant peu de cas de ces valeurs, « qui tuent chez un peuple la noble ambition de « devoir sa fortune à son travail », il refuse de les proscrire.

Mais si la logique est ainsi satisfaite, la conscience reste hésitante ; aussi M. Labbé éprouve-t-il comme un regret des conclusions qu'il se croit forcé d'adopter. Voilà pourquoi, dans sa décision, il insère une phrase qui rappelle celle que nous trouvions tout à l'heure dans l'arrêt de la Cour de Nancy :

« Nous sommes, dit-il, dans une situation singu-
« lière ; nous n'avons aucun goût pour les chances
« et les bénéfices dus au hasard... et cependant nous
« semblons ici prendre contre la magistrature la
« défense de combinaisons financières qui ont pour
« but de répandre, de mettre à la portée de tous ces
« valeurs dont la séduction est si forte. »

Eh ! bien, qu'il nous soit permis de dire ici qu'à notre avis cette controverse comporte une solution à laquelle ne voulut point s'arrêter M. Labbé ; et qu'il est une interprétation de cette loi positive, sur laquelle il s'appuyait, qui lui aurait permis d'aboutir à une conclusion juridique conforme à son désir intime.

Il nous faut maintenant essayer de justifier cette opinion que nous proposons, malgré son audace, parce qu'elle est sincère et réfléchie, et qu'elle s'est présentée à notre esprit après une étude consciencieuse de la matière.

Avant d'exposer le système que nous osons proposer, il nous faut étudier les principales critiques adressées par la jurisprudence à la vente à tempérament des valeurs à lots, et en apprécier la valeur.

En faisant ce travail, nous constaterons tout ensemble et le désir évident de la jurisprudence de condamner ce contrat, et son extrême embarras pour appuyer cette condamnation sur des motifs juridiques.

Les tribunaux semblent ne pas oser s'en prendre au principe même de l'opération et ne s'attaquent qu'aux différentes clauses qu'elle présente en pratique.

Aussi voyons-nous, dans les espèces sur lesquelles ils sont appelés à statuer, changer le système de la jurisprudence : elle poursuit constamment le même but, mais avec des moyens différents.

Les tribunaux virent tout d'abord dans notre vente à tempérament une atteinte à la loi de 1836 prohibitive des loteries; plus tard, ils y virent un pacte commissoire interdit.

En 1866 [1], trois arrêts sont rendus dans notre matière par la Cour de cassation. La Cour suprême se fonde sur ce que la vente à tempérament des valeurs à lots contrevient à la loi de 1836, et dans ces décisions, la Cour développe cette idée, que ce qui est interdit, ce n'est pas seulement de créer une loterie nouvelle, c'est aussi d'offrir au public la possibilité de prendre part à une loterie préexistante et autorisée, mais après en avoir modifié les conditions essentielles.

Ce système se trouve développé principalement dans un rapport de M. le Conseiller Nouguier.

[1] S., 1866, I, 340.

Il fut assez généralement suivi par la jurisprudence jusqu'en 1886, époque à laquelle un arrêt de la Cour d'Orléans [1], et un jugement du tribunal de Nontron [2], refusèrent de voir dans les espèces qui leur étaient soumises une atteinte à la loi de 1836.

C'est pourquoi, quelques années plus tard, un second système se fit jour.

En 1892, le tribunal de Saint-Etienne [3] crut découvrir un *pacte commissoire* dans la combinaison, très fréquente en notre matière, des clauses de nantissement et de résiliation.

Cette manière de voir fut adoptée par la Cour de cassation dans un arrêt rendu en 1894 [4].

Enfin, la théorie du pacte commissoire fut brillamment exposée le 6 décembre 1898 au tribunal de la Seine par M. le Substitut François [5]; le tribunal en fit l'application en annulant dans l'espèce la vente à tempérament.

Cependant vers la même époque, mais dans une autre espèce, le tribunal de la Seine [6] revenait au système de M. Nouguier, il en était de même du tribunal d'Amiens [7].

[1] S. 87, II, 52.
[2] S. 87, II, 53.
[3] S. 94, I, 393.
[4] S. 94, I, 395.
[5] *Gazette des Tribunaux*, 1898, 28 décembre.
[6] *France judiciaire*, 1898, p. 371.
[7] *France judiciaire*, 1898, 2, 452.

Ces deux jugements recherchaient dans la vente à tempérament une dérogation à la loi de 1836.

Examinons donc la valeur et le bien fondé des principaux reproches adressés successivement à la vente à tempérament des valeurs à lots.

§ 1er. — *De la retenue des intérêts par le vendeur.*

Une des clauses contre lesquelles la jurisprudence a principalement dirigé ses attaques avec l'assentiment presqu'unanime de la doctrine est la suivante, très fréquente dans la pratique et par laquelle le vendeur se réserve de toucher les intérêts produits par l'obligation vendue pendant un certain temps, par exemple jusqu'au paiement d'une partie ou même de l'intégralité du prix.

Evidemment, une pareille convention est choquante : son résultat est injuste, mais, nous l'avons déjà dit, les critiques qu'on en peut faire, portent plus haut et atteignent le principe même de la vente à tempérament des valeurs à lots. Nous allons essayer de montrer que les raisons par lesquelles les tribunaux ont condamné cette clause, ne sont guère plausibles : leur seul mérite est de partir d'un sentiment honnête et respectable.

Mais avant de l'examiner, il nous faut d'abord dire

deux mots d'une clause, dont la validité intrinsèque n'est plus guère contestée ; nous voulons parler de la *majoration du prix de vente* du titre d'obligation.

Il est un principe certain : c'est que le vendeur peut demander en échange de la chose qu'il cède le prix qu'il veut, quelque majoré qu'il soit; sa prétention peut être exagérée jusqu'à l'absurde, elle n'en est pas moins licite.

Jamais on ne peut être forcé d'acheter, voilà pourquoi le Code n'a pas établi de rescision pour cause d'exagération de prix.

Ce principe posé, il faut bien reconnaître que les banquiers qui vendent à tempérament des valeurs à lots, sont parfaitement dans leur droit en exigeant un prix très supérieur au cours normal de l'obligation en Bourse.

Cela est licite, mais somme toute, il est fâcheux de voir les manieurs d'argent abuser de leur expérience pour s'enrichir au détriment des travailleurs, que leur profession rend étrangers aux choses de la Bourse; aussi quelques jurisconsultes se crurent fondés à attaquer la légitimité de cette majoration du prix, qu'on rencontrait dans toutes les ventes à tempérament.

La jurisprudence pourtant, assez généralement, n'attaqua point la vente à tempérament à ce sujet ; seul, un arrêt de la Cour de Cassation du 31 janvier 1885, déclare que « les lois d'autorisation déter-« minant notamment la valeur du titre..... toute « modification à l'une ou à l'autre de ces conditions « essentielles, dénature le caractère de la valeur « autorisée et constitue une opération aléatoire « nouvelle, tombant sous l'application de la loi « de 1836[1]. »

Mais cet arrêt est isolé dans la jurisprudence et il est bien certain que la majoration du prix ne peut être considérée comme une atteinte portée à la valeur du titre d'obligation. Ainsi que le fait remarquer M. Labbé : « La Cour de Cassation ne permet « pas de modifier la valeur du titre ; mais la valeur « légale du titre n'est pas le prix. »

A notre avis cette réponse, pleine de justesse d'ailleurs, doit être complétée par la remarque suivante : c'est qu'il y a dérogation à la loi d'autorisation, non pas quand on élève la valeur du titre, mais quand on l'abaisse au-dessous de la valeur fixée ; et en effet la loi d'autorisation ne fixe que la valeur minima de ce titre.

Nous essaierons plus loin de démontrer que si l'on peut majorer le prix sans modifier la valeur du titre, il n'en saurait être ainsi quand on l'abaisse ; et qu'au point de vue où s'est placé le législateur, en fixant

[1] S. 85, I, 240.

une valeur minima, le prix du titre et sa valeur se confondent.

Nous pouvons donc conclure de ces remarques, qu'au point de vue légal, l'élévation du prix, quelqu'exagérée qu'elle puisse être, ne peut être critiquée et surtout ne peut faire annuler le contrat.

Nous pouvons dire aussi : « Nous ne voulons pas « excuser toutes les pratiques, nous prenons les opé- « rations décrites dans leur essence juridique » ; et nous devons conclure de même : « Le retard des « payements fractionnés, l'étendue des obligations « contractées par le banquier vendeur, justifient-ils « absolument la surélévation du prix ? Que nous « importe après tout ? Exagérer le prix de ce qu'on « vend, est-ce un délit ? [1] »

Toutefois, il nous faut rappeler une objection très habilement présentée, mais victorieusement réfutée dès son apparition.

M. Mack a prétendu qu'une créance de somme d'argent ne pouvait pas être vendue pour un prix supérieur à son montant, parce qu'une telle opération dissimulait une infraction à la loi contre l'usure. Que par conséquent il y avait usure à élever le prix d'une valeur à lots, au-dessus de son cours en Bourse, parce que c'était ce cours qui devait faire

[1] S. 83, I, 233 et note.

loi, étant l'estimation officielle et publique de la valeur à lots.

Nous ne saurions faire d'autre réponse que celle inspirée par le bon sens lui-même à M. Labbé et à tous les auteurs, c'est qu'on attribue à la cote de la Bourse un caractère qu'elle ne saurait avoir. Le cours du titre ne fait pas loi et ne saurait s'imposer aux particuliers ; c'est un simple résultat, dont le seul but est de renseigner le public sur la proportion des offres et des demandes; libre à eux de vendre au-dessous de ce cours moyen ou d'acheter au-dessus, s'ils peuvent y trouver leur intérêt.

Enfin, comment voir dans la vente de la créance pour un prix supérieur à son montant, à sa valeur en Bourse, une infraction à la loi contre l'usure? Mais il est impossible de dire qu'il y a usure en l'espèce, le prêt seul peut y donner lieu ; or, nous nous occupons d'une vente ; rien ne peut empêcher le vendeur d'exiger le prix qu'il veut, quelqu'exagéré qu'il soit.

En matière de vente rien ne force à acheter.

Et puis quel est le montant d'une valeur à lots qui pourrait nous servir de base pour constater l'usure ? N'est-il pas évident que le montant d'une valeur à lots, avec cette grande part d'aléa qu'elle comporte, dépend d'une évaluation absolument individuelle et ne saurait avoir aucune fixité.

Enfin, M. Mack ajoutait que « la vente à tempéra-
« ment des valeurs à lots n'était pas une véritable « vente, que c'était un prêt déguisé et un prêt usu-« raire..... que ce qu'on appelait paiement d'un prix « n'était en réalité que la restitution d'une avance... « et que le bénéfice à retirer d'une avance d'argent « était limité par la loi au maximum des intérêts « conventionnels[1]. »

Mais si la fraude est possible, il faudrait la démontrer dans une espèce donnée. On ne peut, sans un texte de loi, la supposer *a priori*.

Et puis, prétendre que le vendeur à tempérament n'est, en réalité, qu'un prêteur, c'est émettre un principe bien dangereux et destructif de toutes les ventes à crédit, qui peuvent toujours se décomposer en une vente et en un prêt d'argent, le vendeur à crédit cumulant le rôle de vendeur et celui de prêteur.

En réalité, cet argument porte trop, et par suite il n'a aucune valeur.

Ainsi, nous avons posé un principe certain et incontesté : la majoration du prix peut être injuste, mais elle est toujours licite.

Eh ! bien, de ce principe, nous allons tirer une critique qui nous paraît s'adresser à la jurisprudence qui nous occupe et à un certain nombre d'auteurs.

[1] S. 87, II, 49 et note.

Nous croyons qu'on ne peut, sans être quelque peu illogique, admettre la libre majoration du prix de vente et critiquer la clause par laquelle le vendeur se réserve le droit de toucher les coupons d'intérêts.

Aussi nous ne saurions partager l'avis de M. Labbé qui pose en principe que « la vente d'une valeur à « lots conclue à un prix quelconque n'est licite que « si elle transfère immédiatement à l'acheteur la « propriété individuelle d'un titre avec le droit aux « coupons et le droit aux chances attachées au « titre [1]. »

La clause par laquelle les coupons d'intérêts sont pendant un certain temps retenus par le vendeur est extrêmement fréquente dans la pratique et s'explique par le désir du banquier vendeur de compenser le délai qu'il accorde pour le paiement du prix ; elle consiste à convenir que pendant un certain temps, quelquefois jusqu'au paiement intégral du prix, l'acheteur n'aura droit qu'aux lots gagnés par son obligation, mais n'en pourra point toucher les intérêts, ceux-ci restant acquis au vendeur.

Le 8 juillet 1882, la Cour suprême condamnait la convention qui nous occupe comme contenant une contravention à la loi d'autorisation par ce fait que les titres vendus à tempérament ne donnaient droit,

[1] S. 87, II, p. 49, note.

jusqu'au paiement définitif, qu'aux chances de gain résultant des tirages, et que l'intérêt attaché aux titres vendus demeurait acquis au vendeur jusqu'à la complète libération de l'acheteur, ce qui constituait une séparation complète et prohibée entre le droit aux coupons et le droit aux lots.

La Cour décidait en conséquence que : « les con-
« ditions arrêtées par les lois spéciales pour la créa-
« tion de certaines obligations à lots, devaient être
« rigoureusement observées : qu'il ne saurait être
« permis de les modifier dans leurs parties essen-
« tielles..... qu'une modification de cette sorte déna-
« turait le caractère de la valeur autorisée et
« constituait une opération aléatoire nouvelle tom-
« bant, à défaut d'autorisation, sous l'application de
« la loi de 1836 [1]. »

La Cour de Besançon, devant laquelle le renvoi avait été ordonné, se prononçait dans le même sens, en déclarant que : « si le vendeur avait droit cumulati-
« vement et aux intérêts du titre par lui conservé et
« aux différents termes du prix convenu, cela prou-
« vait que l'objet de la vente et l'équivalent du prix
« étaient exclusivement les chances du tirage au
« sort [2]. »

La doctrine en général approuva pleinement ces

[1] S. 83, I, 233.
[2] Arrêt précité, note.

décisions et pour ne citer que le principal défenseur de ce système, voici en quels termes M. Labbé la développait et se l'appropriait :

« Si l'opération de vente à prix fractionné est « licite, c'est à la condition d'être sincère et ferme « dans ses effets ; elle doit, du jour où elle est conclue, « rendre l'acheteur propriétaire du titre vendu. Les « termes accordés pour le payement du prix n'em- « pêchent pas l'aliénation de s'opérer immédiatement. « L'acheteur ne peut régulièrement participer aux « chances du sort que s'il est propriétaire d'un des « titres qui y concourent ; autrement il aurait sim- « plement acheté une chance de gain détachée du « titre, ce qui est défendu. L'acheteur propriétaire « du titre doit avoir droit aux coupons d'intérêts. « Que cette créance d'intérêts se compense à l'occa- « sion avec la dette de quelques termes du prix ; « soit, cela est légitime. Mais refuser à l'acheteur « tout droit aux coupons, n'est-ce pas faire apparaitre « que la vente n'est pas ferme et que la propriété du « titre n'est pas transférée ? N'est-ce pas enlever au « contrat ce qui faisait sa légitimité au point de vue « de la loi prohibitive des loteries ? »

Mais qu'il nous soit permis de le faire observer ici ; la logique, ce nous semble, devait imposer à M. Labbé une toute autre conclusion.

Puisqu'il admet avec nous que le vendeur peut

demander d'une valeur à lots le prix qu'il veut, quelqu'exagéré qu'il soit, puisque son opinion à ce sujet se résume dans cette phrase : « La vente des « valeurs à lots à prix fractionné et majoré est « valable. Elle ne tombe ni sous la loi prohibitive « de la loterie, ni sous la loi prohibitive de l'usure » ; nous serions peut-être en droit de lui dire que nous, vendeurs, nous sommes libres de prendre le moyen que nous voulons pour majorer le prix de vente et que, quelque exagéré que soit celui-ci, personne ne le pourra critiquer, car nous sommes dans notre droit.

Or cette clause par laquelle nous retenons les intérêts ne constitue en réalité qu'une simple augmentation du prix : elle est donc licite.

M. Labbé devrait être d'autant moins fondé à critiquer cette clause dans la pratique qu'il en reconnait la validité en principe, or c'est là tout ce que nous demandons : si le principe est inattaquable, l'application n'en peut être critiquée : « que cette créance « d'intérêts, dit-il, se compense à l'occasion avec la « dette de quelques termes du prix : soit, cela est « légitime. »

Eh bien, alors, si cette compensation est légitime quand elle a lieu pour partie, pourquoi ne l'est-elle plus quand elle a lieu pour le tout ?

Jusqu'à concurrence de quelle portion du prix

pourra-t-on retenir les intérêts? combien de coupons le vendeur pourra-t-il légitimement se réserver? à partir de quel nombre, de quel chiffre, de quelle fraction cette retenue cessera-t-elle d'être légitime pour tomber sous la prohibition de la loi de 1836? On admet un principe; en bonne logique, sera-t-il permis d'en rejeter les conséquences?

On objecte que cette retenue des intérêts prouve que notre opération n'est pas sérieuse et qu'elle constitue purement et simplement la vente d'une chance de gain; mais en même temps on admet qu'au lieu de vendre 180 francs telle valeur cotée en Bourse par exemple 130 francs, nous aurions pu la vendre le double ou le triple, si nous avions trouvé un acheteur assez fou pour accepter un tel marché.

Est-ce logique?

On ajoute alors que la vente n'est pas ferme et que la propriété du titre n'est pas transférée.

Pourquoi cela? en quoi ce mode de paiement adopté dans le contrat empêche-t-il la vente d'être sérieuse?

La propriété n'est pas transférée! Cette affirmation est-elle bien fondée?

Si l'acheteur est devenu propriétaire du titre vendu et cela dès la conclusion de la vente; dès ce moment, il en pourra disposer comme il l'entendra, sous réserve naturellement des droits de son vendeur, car il doit respecter la règle : *nemo plus juris ad alium transferre potest, quam ipse habet.*

Ainsi, je vous vends une ferme d'une valeur de 50.000 francs pour un prix de 30.000 francs, et nous convenons que pendant un certain nombre d'années ce sera moi, vendeur, qui toucherai les fermages : est-ce autre chose que le complément de mon prix ?

Peut-on dire que l'opération n'est pas sérieuse ; qu'un acheteur, dans de pareilles conditions, n'est pas devenu propriétaire ? Il en a pourtant tous les droits ; il peut disposer de sa ferme, il peut la revendre sous réserves bien entendu des droits de son vendeur.

La convention par laquelle c'est nous, vendeur, qui touchons les fermages, se réduit en fait à ceci : Le capital nécessaire pour compléter le prix intégral que nous aurions pû exiger, reste dans la caisse de l'acheteur : libre à lui de le faire fructifier et d'en retirer l'intérêt qu'il aurait retiré de la perception des fermages ou même un intérêt supérieur.

Il y a dans l'opération qui nous occupe un placement dont la valeur intrinsèque doit être appréciée par les parties, et ce sera d'après cette estimation personnelle qu'elles se décideront à conclure ou non le contrat.

Cette convention n'est peut-être pas très morale, mais elle est incontestablement licite.

Nous sommes absolument de l'avis de la Cour d'Angers[1] qui décide, « qu'il n'y a dans une réserve « de cette nature, rien autre chose qu'une sorte de « couverture stipulée au profit de l'établissement « vendeur, et une élévation du prix de vente que la « liberté des conventions autorise et qui ne tombe « sous aucune prohibition légale[2]. »

Non, cette retenue ne tombe sous aucune prohibition légale. En vain prétendrait-on qu'il est impossible de modifier plus ouvertement la loi spéciale d'autorisation, qu'en séparant le droit aux lots et le droit aux coupons! que le législateur a manifestement entendu que les intérêts produits par le titre profitassent à l'acheteur : cela serait inexact, car il ne reste pas, comme on a essayé de le prétendre, d'un côté, une créance produisant des intérêts et, de l'autre un billet de loterie. Non, l'obligation vendue est complète ; elle appartient tout entière à l'acheteur : il en est propriétaire, il profitera des chances de gain, et il cédera les coupons à son vendeur à titre de supplément de prix ; il en a le droit, puisqu'elle lui appartient ; ce serait même un nonsens de prétendre que dans ces conditions les coupons ne lui appartiennent pas ; tout au contraire, il en profite, puisque c'est grâce à cette cession en

[1] 16 juillet 1883.
[2] Mack. Ouvrage précité, p. 45.

paiement faite à titre de propriétaire, qu'il peut acquérir l'obligation.

Nous espérons ainsi avoir expliqué pourquoi l'attribution des intérêts au vendeur, pendant un certain temps, nous paraissait parfaitement valable, et comment cette clause n'était contraire ni aux principes de la vente en général, ni à la loi de 1836 en particulier.

N'est-ce point, comme s'exprime M. Labbé, commettre la faute de « juger par impression » et non pas « par logique et sous l'empire d'une loi positive », que de prononcer par des motifs juridiquement fragiles et insuffisants, l'annulation d'une clause, contre laquelle on ne peut relever d'autre vice que celui de ne pas donner au point de vue moral, une complète satisfaction aux consciences délicates ?

§ 2. — *De la rétention du titre par le vendeur et de la liberté d'en disposer.*

Si l'attribution des intérêts au vendeur a soulevé des attaques nombreuses et de vives critiques que nous avons essayé de réfuter, il en est de même d'une clause tout aussi fréquente dans la pratique des ventes à tempérament de valeurs à lots, et qui consiste à laisser en garantie au vendeur le titre de l'obligation et à lui permettre d'en disposer à son profit personnel, par exemple pour sûreté d'une dette par lui contractée.

Cette clause contient deux parties distinctes.

D'abord une garantie est accordée au vendeur, qui conserve en sa possession le titre de l'obligation vendue.

La validité de cette première convention n'est guère contestée et tout le monde est maintenant d'accord sur sa légalité sinon sur sa nature juridique.

La seconde partie de la convention est au contraire très généralement attaquée : elle consiste à permettre au vendeur, possesseur du titre, d'en disposer pour son compte.

Cette clause n'est pourtant, comme la première, nous essaierons de le prouver, qu'une application très légitime de la liberté des conventions.

D'abord, il est évident que les parties sont parfaitement libres de concéder la détention du titre au vendeur comme garantie de sa créance. Cette stipulation n'est nullement contraire à l'ordre public, ni à aucune disposition légale. Nous ne voyons guère quelle critique on pourrait lui adresser sur le terrain juridique !

Son utilité est manifeste, dans notre matière, en présence des dangers que court le banquier vendeur à crédit. Il conserve ainsi un gage sérieux.

Quant à l'acheteur, il consent d'autant plus facilement à l'établissement de cette garantie, que l'utilité de sa possession ne consiste pas dans la jouissance qu'il pourrait en retirer, mais dans la perception de ses produits réguliers ou irréguliers, lots ou intérêts; soit qu'il touche ces derniers, soit qu'il les cède en supplément de prix à son vendeur.

Comme le dit M. Labbé : « Le titre vendu, dont la « propriété et le numéro sont immédiatement trans- « férés à l'acheteur, est retenu à titre de gage par le « vendeur jusqu'au paiement intégral du prix. Cette « rétention à titre de gage de la chose vendue est « d'une légitimité incontestable [1]. »

Cette clause est d'une légitimité incontestable, voilà qui est acquis, mais on s'est demandé à quel titre le vendeur conservait ainsi la possession de l'obligation. M. Labbé dit formellement que c'est une rétention à titre de gage, mais on a fait remarquer que ce ne pouvait pas être une véritable constitution de gage, car le banquier ne remplit jamais les formalités imposées par l'article 2075 du Code civil ainsi conçu : « Le privilège énoncé en l'article « précédent (c'est-à-dire le privilège du créancier « gagiste) ne s'établit sur les meubles incorporels, tels « que les créances mobilières, que par acte public « ou sous seing-privé, aussi enregistré et signifié au « débiteur de la créance donnée en gage. »

[1] Note sous l'arrêt précité.

On objecte également que cette clause ne pourrait être l'exercice régulier du droit de rétention accordé au vendeur par l'article 1612 du Code civil, au cas de non-paiement du prix par l'acheteur, parce que le Code exige pour l'exercice de ce droit que le vendeur « n'ait pas accordé de délai pour le paiement du prix », et qu'ici nous sommes en matière de vente à crédit.

Mais cela importe peu ! Une seule chose nous intéresse dans cette convention, c'est de savoir si elle est légitime, or on ne peut le nier : les opinions les plus autorisées reconnaissent que cela est incontestable. On nous dit que ce n'est ni un gage ni un droit de rétention ; mais la seule chose que nous demandons c'est qu'on reconnaisse à cette convention le caractère d'une garantie légitime, et cela tout le monde nous l'accorde. La Cour de cassation elle-même le déclare formellement.

Nous serions même tentés de répondre à ceux qui ne voient dans cette clause ni une constitution de gage, ni l'exercice du droit de rétention, que nous y voyons une rétention à titre de gage, dans le sens même donné à ces mots par le Code.

Sans doute l'article 1612 C. C. ne permet au vendeur de retenir la chose lorsque le prix ne lui en est pas payé, que lorsqu'il n'a pas accordé de délai, parce qu'autrement le bénéfice du délai serait vain pour l'acheteur, surtout si l'usage de la chose vendue consistait dans la jouissance qu'on en peut retirer ce qui est l'hypothèse la plus fréquente.

Ici, au contraire, nous avons vu que l'usage d'une valeur à lot ne consistait pas dans la jouissance mais dans la perception des produits. La raison de l'article 1612 n'existe donc plus.

Et puis ce qu'organise le Code, c'est le droit de rétention que peut exercer le vendeur malgré l'acheteur et à l'encontre de sa volonté ; or, dans notre matière spéciale, nous nous occupons d'un droit de rétention volontairement accordé par l'acheteur au vendeur, librement organisé par les parties. Les conditions imposées par le Code au premier n'ont plus leur raison d'être pour le second et ne sauraient lui être imposées.

Quant à l'article 2075, il est vrai qu'il énonce certaines conditions spéciales à la constitution en gage des meubles incorporels, mais ces conditions ne sont imposées qu'au point de vue de l'exercice du droit de préférence du créancier gagiste à l'égard des tiers.

Dès lors, peu nous importe que le banquier ait ou non rempli ces formalités, il n'en conservera pas moins le second droit du créancier gagiste, le droit de rétention. Or, c'est le seul qu'il réclame en notre matière.

Ainsi la première partie de la clause que nous

étudions est à l'abri de tout reproche. Le vendeur conservera le titre d'obligation dans sa caisse jusqu'au paiement intégral du prix, à titre de gage ou au moins de garantie.

Mais ce qu'on nie c'est la validité de la clause par laquelle le vendeur est autorisé à disposer du gage ainsi resté entre ses mains.

C'est contre elle que la jurisprudence et la doctrine unissent leurs critiques.

La septième chambre du tribunal civil de la Seine se fait l'écho de ces attaques en déclarant que « la « clause de rétention du titre jusqu'à son paiement « intégral, combinée avec le droit que se réserve le « vendeur de donner en gage à son profit la chose « vendue, viole les conditions de la loi d'autorisa- « tion en matière de loterie....... que la vente qui « doit être l'objet principal du contrat, disparait « donc pour ne laisser subsister que les chances du « tirage qui en sont l'accessoire ; que la propriété et « la libre disposition du titre sont ainsi séparées de « l'attribution des chances[1]. »

Comment cette clause viole les conditions de la loi d'autorisation ! mais en quoi ? le tribunal l'affirme, mais il ne le démontre pas.

Que cette clause ait des inconvénients pratiques,

[1] *France judiciaire*, 98, p. 371.

qu'elle prête à des abus, en un mot qu'elle soit funeste par ses conséquences, nous l'admettons, mais est-ce une raison pour se hâter de la proscrire en se fondant sur d'aussi pauvres motifs?

Pourquoi la vente ne serait-elle pas sérieuse? Le banquier vendeur conserve le titre vendu dans sa caisse, mais ce n'est pas à titre de propriétaire, c'est à titre de créancier gagiste : or rien n'est plus légitime.

Je sais bien que le gagiste n'a pas le droit d'employer la chose donnée en gage à son usage personnel; mais cette prohibition du Code n'est pas d'ordre public. C'est une règle imposée en cas de silence des parties. Elle tombe nécessairement devant la volonté contraire des contractants.

Il n'y a rien d'anormal à ce que les parties stipulent que le créancier nanti usera, librement, de l'objet qui lui a été laissé en garantie.

On objecte que cela peut être très dangereux. Ainsi qu'arrivera-t-il au moment où l'acheteur à tempérament, ayant acquitté le paiement total de son prix, demandera à rentrer en possession du titre qui lui appartient, si le vendeur ne peut satisfaire à cette revendication, parce que lui-même par exemple a engagé le titre qu'il tenait en dépôt et n'est pas actuellement en mesure de le dégager?

Mais cette objection ne saurait nous arrêter : c'est

là une simple difficulté d'exécution, qui ne peut empêcher notre clause d'être valable en principe. Il y a là pour le vendeur une impossibilité éventuelle de satisfaire à son obligation, qu'a dû envisager l'acheteur à tempérament, quand il a consenti à ce que son vendeur disposât du titre qui restait entre ses mains à titre de gage, et dont lui, acheteur, était propriétaire et par suite créancier.

Que le banquier ne puisse livrer le titre vendu quand le moment en sera venu, c'est là une simple impossibilité d'exécution, qui se résoudra par le paiement de dommages-intérêts.

Nous pouvons dire la même chose de la difficulté d'exécution qui naîtra de la situation suivante : Le vendeur, détenteur du titre, peut l'avoir vendu. Si donc ce titre sort à un tirage, un conflit éclatera pour l'attribution du lot entre le nouveau propriétaire et l'acheteur à tempérament. L'exécution se fera par le paiement de dommages-intérêts ; dans toute vente à crédit, cette revente frauduleuse peut donner d'ailleurs naissance au même conflit. Il y a là un règlement de propriété qui n'est qu'une pure question de fait et qui ne saurait constituer un argument contre la validité de notre clause.

Nous nous occupons de la légitimité du principe et non d'une question d'exécution.

C'est pourtant cette simple question de fait qui a

préoccupé la jurisprudence et qui a motivé, ou plutôt entraîné ses décisions.

C'est ainsi que le tribunal de Lyon, au mois de juillet 91, nous déclare :

« Qu'une des conditions essentielles à la validité « de la vente à crédit de valeurs à lot consiste dans « la livraison immédiate à l'acquéreur de la pleine « propriété de la valeur par lui acquise ; que d'autre « part le vendeur ne peut disposer en aucune façon « de la valeur par lui vendue, mais peut la retenir « jusqu'au paiement parfait[1]. »

Il est vrai, et nous sommes en cela parfaitement d'accord avec les juges de Lyon, que la validité de la vente à tempérament, comme de toutes les ventes qui ne sont pas simplement productives d'obligations, est subordonnée à la « transmission immédiate de la pleine propriété de la valeur vendue ». Evidemment, il doit y avoir transmission immédiate de la propriété, mais il est inutile qu'il y ait également transfert immédiat de la possession ; or, en quoi notre clause de rétention et de disposition du titre empêche-t-elle la propriété d'être transférée à l'acheteur? Est-ce que l'existence de cette clause n'est pas, au contraire, la preuve la plus évidente que le vendeur n'est plus propriétaire ; s'il l'était

[1] S., 98, I. 511.

encore, à quoi servirait-elle ? le droit commun ne lui accorderait-il pas, sans stipulation spéciale, cette faculté de disposition ?

Pourquoi dire que « le vendeur ne peut disposer en aucune façon de la valeur par lui vendue, mais qu'il peut la retenir jusqu'au paiement parfait » ? Pourquoi admettre la seconde de ces deux propositions et rejeter la première? Ni l'une ni l'autre ne découle nécessairement des principes ; de même que ni l'une ni l'autre n'est prohibée par l'ordre public ou le droit commun. Toutes deux sont le résultat de la volonté libre des parties ; admettre l'une, c'est reconnaître l'autre. Il n'y a aucune raison de distinguer entre elles.

Un jugement récent rendu par le tribunal d'Amiens, voit dans la clause qui nous occupe, une condition potestative prohibée par l'article 1174 du Code civil :

« Attendu, d'une part, que ce droit de créer un « privilège sur les valeurs vendues, en se réservant « ainsi la faculté de les gager à des tiers et de rendre « ainsi impossible, à la volonté du vendeur la livraison des titres dont s'agit, constitue une condition « potestative au profit du vendeur et que l'acheteur « n'est pas obligé de payer des valeurs dont le contrat lui-même autorise le vendeur à ne pas faire la « livraison ; . . . .

« . . . . qu'aux termes de l'article 1174, toute « obligation est nulle, lorsqu'elle a été contractée « sous une condition potestative de la part de celui « qui s'oblige [1]. »

Voici un premier reproche adressé à notre convention : elle est prohibée par l'article 1174 ! Le contrat lui-même autorise le vendeur à ne pas livrer les titres ! Mais, en vérité, les mots ont perdu leur véritable valeur si, convenir que le vendeur pourra donner en gage le titre dont il conserve la détention, équivaut à le dispenser d'en faire la livraison.

N'est-il pas évident que la convention ne signifie que ce qu'elle dit, et qu'on ne peut forcer le sens des mots pour y voir autre chose ? Elle dit que le vendeur restera possesseur du titre jusqu'à parfait paiement du prix, c'est vrai ; elle ajoute qu'il pourra le gager à des tiers comme sûreté de ses dettes personnelles, c'est encore vrai ! mais c'est tout, car il est manifeste que l'exercice de ce droit ainsi accordé au vendeur est limité par son obligation de livrer la chose et ne saurait l'en dispenser.

Prétendra-t-on qu'en lui laissant la faculté de disposer du gage, on le dispense par là même de livrer le titre au moment où il sera exigible ?

Rien dans la convention ne permet de le dire.

[1] Arrêt précité (29 juillet 1898).

Au vendeur de s'arranger pour concilier son droit et ses obligations!

Comment le tribunal d'Amiens peut-il dire qu'il y a là une condition potestative de la part du vendeur, c'est-à-dire du débiteur? Qu'il est libre de livrer le titre ou de ne pas le livrer? Tout ce qu'il avait le droit de prétendre, c'est que, dans la pratique, le vendeur aurait peut-être quelque difficulté à recouvrer son gage pour en faire la livraison. Il ne résultera de là qu'une chose, c'est qu'il y aura un retard ou une inexécution qui s'évalueront et se régleront en dommages-intérêts.

Mais ne peut-on pas supposer que cette convention équivaut tacitement à dispenser le vendeur de livrer le titre? Non, même pas, car pour qu'il en soit ainsi, il faudrait que dans la pratique, le fait de donner en gage le titre et d'en faire la livraison à l'acheteur fussent incompatibles, et il n'en est pas ainsi. Le vendeur peut parfaitement ne donner le titre en gage que jusqu'à une certaine époque; il peut le dégager, en acquittant ce dont il est débiteur. Il suffit que théoriquement il puisse le faire; or, il le peut, cela ne fait aucun doute. Donc la clause que nous étudions ne signifie pas que le vendeur puisse, à son gré, acquitter son obligation ou s'en dispenser. Ce n'est donc pas une condition potestative.

Le système du tribunal d'Amiens, fondé sur la prétendue condition potestative, nous paraît donc illogique; du reste, il semble que le jugement le reconnaisse lui-même, car, tout en admettant que l'inexécution de la part du vendeur doive se résoudre en dommages-intérêts, il se retranche, en dernière analyse, derrière l'impossibilité d'évaluer ces dommages-intérêts.

Or, nous sommes forcés de le répéter encore ; c'est là une question de fait, elle ne peut prévaloir contre un principe de droit.

De plus, qu'il y ait difficulté à évaluer les dommages-intérêts, nous le voulons bien, mais aller plus loin et prétendre qu'il y a impossibilité, nous ne saurions l'admettre. Comme dans toute évaluation de dommages-intérêts, il y aura un calcul basé sur ce qui aurait pu normalement arriver; on ne raisonne pas sur des faits certains, mais sur des moyennes de chances ! Et puis, les dommages-intérêts, ayant pour base les tirages, ne seront pas fixés tout d'un coup et en une seule fois, mais seront, ce qui n'a rien d'anormal, des dommages-intérêts successifs ou, plutôt, éventuellement successifs.

Ils pourront se composer d'une partie fixe, d'ores et déjà connue, et d'une autre, future et éventuelle, comme le préjudice lui-même.

Mais le tribunal d'Amiens n'attaque pas seulement

la clause qui nous occupe comme constituant une condition potestative ; il lui reproche aussi de méconnaître la loi de 1836.

« Attendu, d'autre part, que les lois qui ont auto-« risé l'émission et la circulation de valeurs à primes « et à lots, sont des lois spéciales dérogeant à la « prohibition de toute espèce de loterie édictée par « la loi du 21 mai 1836 ; que cette émission..... doit, « à peine de nullité, être strictement conforme aux « conditions dans lesquelles les lois dérogatoires le « permettent..... ;

« Attendu que, dans l'espèce, l'acheteur ne reçoit « que des numéros lui donnant droit de participer « aux tirages et que le vendeur a le droit de trans-« mettre les titres à tout tiers en nantissement « pour ses besoins personnels, c'est-à-dire d'empê-« cher la réunion de ces titres à leurs numéros ; « attendu qu'une telle stipulation... viole la loi d'au-« torisation... etc. »

Le raisonnement est d'une régularité mathématique, mais la conclusion n'est pas juste, car le tribunal d'Amiens ne pouvait pas dire que la faculté laissée au vendeur de transmettre les titres à des tiers pour ses besoins personnels, revenait à lui donner le droit d'empêcher leur réunion à leurs numéros. Cette dernière obligation du vendeur, nous l'avons déjà montré, c'est pourquoi nous n'insisterons pas, vient restreindre la libre disposition du vendeur. Il n'y a pas incompatibilité, il y a subordination.

Nous ferons le même reproche d'inexactitude à un jugement rendu à la même époque par le tribunal de la Seine[1] et qui décide que « la clause de rétention du titre jusqu'à son paiement intégral, combinée avec le droit que se réserve le vendeur de « donner en gage à son profit la chose vendue, viole « les conditions de la loi d'autorisation en matière « de loterie.....; que la propriété et la libre disposition du titre sont ainsi séparées de l'attribution « des chances.....; d'ailleurs qu'au point de vue du « droit commun, il est contraire aux règles de la « vérité que le vendeur puisse disposer comme propriétaire de la chose vendue. »

Par l'analyse que nous avons faite plus haut de la clause de rétention et de disposition, il est facile de voir que l'erreur consiste précisément à dire que « la propriété et la libre disposition du titre sont séparées de l'attribution des chances »; ce n'est pas la propriété du titre qui est séparée de l'attribution des chances, c'est simplement la possession, la détention; et le vendeur, détenteur, n'a point la libre disposition; son droit est, au contraire, limité et

[1] 21 juin 1898.

restreint, il n'est pas complet. On ne peut donc dire que notre clause viole le droit commun en permettant au vendeur de disposer *comme propriétaire* de la chose vendue.

Ce n'est pas *comme propriétaire* qu'il aurait fallu dire, mais *de même qu'un propriétaire*, au point de vue de la faculté d'engager la chose.

C'est si peu à titre de propriétaire que le vendeur agit, qu'il lui faut une convention spéciale avec le véritable propriétaire, c'est-à-dire l'acheteur, pour lui permettre d'en disposer de cette façon.

Ainsi encore, sur ce terrain, les adversaires de la vente à tempérament ne sauraient triompher. Nous espérons avoir montré que leurs critiques s'attaquaient à une clause parfaitement valable au point de vue juridique et qui n'est qu'une application très légitime de la liberté laissée aux contractants par notre droit moderne.

En réalité ce sont les conséquences pratiques de cette convention qui ont inspiré les attaques contre le principe lui-même ; elles expliquent ces attaques mais ne les justifient pas, et si elles ont pour point de départ un mouvement respectable de la conscience, elles n'en ont pas moins faussé la thèse adoptée par certains tribunaux ; quant au jurisconsulte, il ne peut se laisser guider par de semblables impressions dans la recherche de la vérité juridique.

§ III. — *De la combinaison des clauses de résiliation et de disposition.*

La jurisprudence, devant les critiques soulevées dans la doctrine par ses premières attaques, peut-être même sentant elle aussi toute leur faiblesse, adopta un nouveau système.

Des décisions relativement récentes de jurisprudence cherchèrent un point de vue nouveau et crurent découvrir dans les ventes à tempérament de valeurs à lots l'existence d'un pacte commissoire ; cette théorie fut principalement exposée et défendue à la fin de l'année 1898, dans des conclusions données à l'audience de la septième chambre du tribunal civil de la Seine, par M. le Substitut François.

Nous venons de voir dans les premières pages de cette étude que jamais le banquier ne fait la livraison des titres avant le paiement de la totalité ou d'une fraction importante du prix ; il les retient en garantie de sa créance. Cette clause parfaitement licite est devenue de style dans les ventes à tempérament. Il en est de même de la clause de résiliation qui peut se formuler de la façon suivante :

« En cas de refus de paiement de la part du débi-
« teur, le montant de l'achat effectué pour son
« compte deviendra exigible de plein droit en totalité
« et huit jours après une simple mise en demeure

« par lettre recommandée restée infructueuse ; il doit « perdre tous ses droits au dit achat, dont la valeur « au cours officiel de la Bourse de Paris du lende- « main devra être portée au crédit de son compte, le « solde de ce compte devant courir en faveur de qui « de droit [1]. »

Peut-être l'idée de cette clause fut-elle inspirée aux banquiers par le désir secret d'inciter bon nombre d'acheteurs, préoccupés avant tout du lot, à ne pas donner suite au contrat après un premier tirage et à leur abandonner ainsi les versements antérieurs !

On a critiqué cette clause comme constituant un *pacte commissoire :* nous examinerons tout à l'heure cette opinion.

Mais il nous faut dès à présent remarquer qu'il est inadmissible, et nous dirions volontiers inadmissible *a priori*, de voir un pacte commissoire dans la seule combinaison des clauses de rétention et de disposition que nous avons étudiée tout à l'heure. On ne voit même pas sur quoi on peut se fonder pour le soutenir ; il faut nécessairement un élément nouveau, la résolution de la vente résultant *de plano* de la cessation des paiements, pour que l'idée d'un pacte commissoire puisse seulement se présenter. C'est pourquoi nous ne saurions nous arrêter bien long-

[1] Contrat Vieille et Berry, Page et Cie, *Gazette des Tribunaux*, 28 décembre 1898.

temps sur le jugement suivant du tribunal de Saint-Etienne[1] qui déclarait nulles les ventes consenties dans l'espèce, en se fondant sur ce que la stipulation qui autorisait le vendeur à conserver les titres jusqu'à parfait paiement et même à les déposer chez des tiers en garantie des avances à lui faites, d'abord rendait impossible la translation immédiate de la propriété des titres, et ensuite constituait un pacte commissoire nul en vertu de l'article 2078 du Code civil et dont la nullité devait entraîner celle de la vente à laquelle il se rattachait.

Nous nous sommes déjà expliqués sur le premier point, c'est-à-dire sur la translation de la propriété, nous n'y reviendrons pas.

Sur le second point, nous dirons qu'il nous paraît bien difficile d'admettre que la clause de disposition du gage puisse, par elle-même, constituer un pacte commissoire.

La subordination de ce droit de disposition à l'obligation définitive du vendeur nous parait suffisante pour réfuter l'assertion que nous venons de mentionner.

Ce jugement du tribunal de Saint-Etienne était du reste cassé le 14 mars 1894 par un arrêt de la Cour suprême.

Aussi, sauf la décision exceptionnelle et quelque

[1] (15 juin 1892), précité.

peu singulière que nous venons de citer, le reproche de constituer un pacte commissoire n'a pas été adressé à la clause dite de disposition en elle-même et par elle seule ; ce qu'on a attaqué avec plus de raison, croyons-nous, c'est la combinaison de la clause dite de résiliation avec cette clause de nantissement ; on a essayé de démontrer que c'était cette combinaison qui constituait le pacte commissoire prohibé par l'article 2078, et que de plus, elle faisait de notre vente à tempérament une simple loterie, car elle aboutissait à séparer totalement et définitivement la propriété du titre et les chances de gain, en sorte que « l'opération se bornerait ordinaire- « ment à un jeu d'écritures et serait liquidée par le « paiement d'une simple différence ».

Nous pouvons tout d'abord voir quelle est l'utilité de cette clause dans la pratique et quelle est sa raison d'être. Elle est facile à trouver, car c'est pour les vendeurs le seul moyen efficace d'assurer à leur profit l'exécution du contrat. Sans doute, ils pourraient, d'après le droit commun, actionner leurs acheteurs, mais ordinairement ceux-ci sont dans un état plus voisin de la gêne que de la prospérité ; ils vivent d'un gain journalier et l'expérience leur montre l'impossibilité de tenir les promesses qu'ils ont eu l'imprudence de faire.

Dans son travail sur la vente à crédit des valeurs

à lots, M. Baratte le constate : « L'expérience a « montré que souvent les acheteurs qui n'avaient « pas payé, avaient disparu, étaient morts ou étaient « devenus insolvables. On se trouvait donc en pré- « sence d'un adversaire inexécutable, mais proprié- « taire d'un titre que le vendeur détenait entre ses « mains[1]. »

Ainsi s'explique que la combinaison de ces clauses se soit généralisée, et que tous les vendeurs à tempérament de valeurs à lots l'aient adoptée.

Cette clause a soulevé de vives polémiques et a été attaquée par la jurisprudence en vertu de l'article 2078.

Nous ne reviendrons pas sur le jugement du tribunal de Saint-Etienne (15 juin 1892), qui voit un pacte commissoire dans les clauses de rétention et de disposition. Nous croyons avoir montré que cette opinion ne résistait pas à un examen sérieux ; elle est du reste sans précédent et n'a pas été suivie par la jurisprudence, du moins à notre connaissance.

La même année, ce même tribunal de Saint-Etienne (2 août 1892), statuant en appel d'un jugement de juge de paix, déclarait « qu'il n'y avait pas « de pacte commissoire dans les stipulations libre- « ment acceptées, mais contrat de vente sous la con- « dition qu'à défaut de paiement, le titre serait

[1] Baratte, *La vente à crédit des valeurs à lots*, p. 35.

« compté au cours de la Bourse qui suivrait l'expi-
« ration de la huitaine de la mise en demeure ».

En 1894 la Cour suprême cassa ce jugement comme elle avait fait le premier; la raison pour le premier est que le tribunal voyait dans la vente à tempérament qui nous occupe un pacte commissoire et pour le second qu'il n'en voyait point.

Nous avons cité plus haut les motifs du premier arrêt de la Cour de cassation; et nous avons dit pourquoi nous l'approuvions : la convention de disposition ne contrevient nullement par elle seule à l'article 2078.

Voici les motifs de sa seconde décision :

« Attendu que... dans l'espèce, la vente n'était pas
« résiliée et ne pouvait pas l'être, puisque la vente
« devait avoir lieu et a eu lieu pour le compte de
« l'acheteur et que les parties au lieu d'être remises
« dans l'état où elles se trouvaient avant le contrat,
« comme l'exige l'article 1184 du Code civil, étaient
« au contraire obligées de se tenir réciproquement
« compte de la différence entre le prix de la vente
« primitive et celui de la revente en Bourse; qu'ainsi
« la vente primitive continuait de produire tous ses
« effets..... que dès lors la clause, par laquelle le
« vendeur s'est réservé la détention du titre vendu
« et la faculté de le vendre en Bourse, en cas de
« non-payement intégral du prix, n'a pu être qu'une

« constitution de gage et que la réalisation dudit « gage par le créancier ne pouvait s'opérer qu'avec « autorisation de justice, aux termes de l'article 2078 « susvisé, qu'en décidant le contraire... etc. »

La première partie du raisonnement de la Cour suprême ne nous paraît pas tout à fait exacte : elle prétend que les parties se devant compte de la différence entre le prix de la vente primitive et celui de la revente en Bourse, ne sont pas remises par la résiliation au même et semblable état qu'avant le contrat, ainsi que l'exige l'article 1184 du Code civil.

Il est vrai qu'après la résiliation du contrat, les parties doivent se trouver remises au même état que si elles n'avaient point contracté, sauf les dommages-intérêts dus à la partie qui a subi la résiliation. Eh! bien, ici, est-ce que les cocontractants ne sont pas en définitive remis dans le même état? On s'arrête, pour en juger, après la revente en Bourse et on dit : « Non ! parce qu'une différence est due par l'une des parties ».

Mais prenons garde que c'est après le paiement de cette différence qu'il faut se placer : c'est quand la liquidation de l'opération est complètement terminée, qu'il faut estimer la situation des parties. Pourquoi s'en tenir à la revente qui n'est qu'une opération préliminaire de cette liquidation, qu'une base nécessaire pour l'établir?

En définitive les parties peuvent se trouver après la liquidation dans l'état où elles se trouvaient avant le contrat, c'est pourquoi l'article 1184 nous parait hors de cause ; il n'en est pas de même de l'article 2078.

Il est vrai que les parties se trouvent remises au même état que si elles n'avaient point contracté, mais il l'est également que la liquidation, grâce à laquelle on arrive à ce résultat, est contraire à l'article 2078, car elle constitue la réalisation du gage par le créancier nanti sans l'observation des formalités exigées et sans l'intervention de la justice.

Ce reproche a été repris récemment devant le tribunal de la Seine, par M. le substitut François, qui, à la fin de décembre 1898, exposait sur ce point une théorie fort habile et étudiée très à fond.

Voici en quels termes il attaque la combinaison qui nous occupe :

« Supposons donc le créancier nanti d'un gage, « supposons, d'un autre côté, que le débiteur a « laissé impayée une mensualité à son échéance. « En vertu du contrat, on liquidera le compte du « débiteur, que l'on créditera de la valeur en Bourse « du titre à lui vendu. Mais ce titre, que devient-il « dans cette liquidation ? Le contrat, sur ce point..., « se borne à stipuler que le marché sera résolu et « que les rapports entre les parties prendront fin

« par le paiement à qui de droit du solde du compte « liquidé de l'acheteur.

« Ainsi..., le créancier pourra conserver par de- « vers lui le titre qu'il avait vendu, puis gardé « ensuite en nantissement; il pourra en faire ce que « bon lui semblera et même se l'approprier, car « aucune stipulation ne le défend en exigeant sa « revente. »

Et après ce développement, il pose, en principe : « que chaque fois que la clause de résiliation n'im- « pose pas la revente préalable du titre au nom de « l'acheteur comme base de la liquidation du compte « de celui-ci, rapprochée de la clause de nantisse- « ment, elle équivaut à un pacte commissoire. »

Il nous semble bien difficile de contester l'existence de ce pacte commissoire, et les raisonnements par lesquels on l'a entrepris ne nous paraissent guère solides, quelle que soit la grande autorité de ceux de qui ils émanent. Nous ajouterons, cependant, qu'à nos yeux, c'est un pacte commissoire qui ne présente pas les dangers qu'a voulu éviter l'article 2078, mais ce n'est là qu'une simple constatation de fait, qui peut excuser son existence mais qui ne saurait la légitimer.

Parmi les auteurs qui ont nié l'existence d'un pacte commissoire, citons d'abord M. Lévy-Ullmann, qui critique dans les termes suivants l'arrêt rendu par la Cour de cassation le 4 juin 1894, et que nous citions plus haut :

« On peut répondre, dit-il, que la Cour de cassa-« tion est dupe d'un mirage. Le titre n'est pas, en « réalité, vis-à-vis de l'acheteur, revendu en Bourse, « il est simplement considéré comme revendu, le « cours moyen de la Bourse ayant été adopté par « les parties, lors du contrat, comme base de déter-« mination pour les dommages-intérêts résultant « de la clause pénale. La stipulation peut donc si-« gnifier simplement que le banquier aura le droit « de liquider le compte de l'acheteur en calculant la « valeur du titre d'après le cours moyen de la « Bourse à un jour déterminé. C'est, d'ailleurs, un « principe formel d'interprétation, que lorsqu'une « clause est susceptible de deux sens, elle doit être « entendue *potius est valeat*. »

Il est parfaitement exact qu'en cas de doute, quand une clause est susceptible de deux sens, il faut lui donner celui qui l'empêchera de tomber. Mais il ne faudrait pas s'appuyer sur ce principe pour interpréter une clause malgré ses termes précis, dans le seul but de ne point voir une nullité qu'elle renferme.

Ce principe d'interprétation posé par le Code lui-même ne peut servir qu'en cas de doute ou d'ambiguïté ; il est subordonné à l'examen de la volonté des parties.

L'argument de M. Lévy-Ullmann n'est que la reproduction du système d'interprétation proposé par M. Labbé.

« Nous croyons cependant, dit-il, que la clause « litigieuse peut se justifier, non pas comme réali- « sation du gage par le créancier, mais comme réso- « lution de la vente pour inexécution avec dom- « mages et intérêts. Il est permis de convenir qu'en « cas d'inexécution, une vente sera résolue sans que « le juge puisse retarder la résolution par un délai « et même sans qu'une mise en demeure soit néces- « saire. Les dommages et intérêts que peut devoir « l'acheteur en cas de résolution pour inexécution « peuvent être fixés à l'avance par une sorte de « clause pénale ; c'est l'objet du décompte d'après « lequel, sous déduction du prix du titre vendu au « cours moyen de la Bourse à un jour déterminé, le « surplus du prix est exigible de cet acheteur [1]. »

Sans doute, il est permis de convenir de la résolution du contrat pour le cas d'inexécution et de fixer d'avance les dommages et intérêts au moyen d'une clause pénale.

Mais dans l'espèce que nous discutons, il nous semble impossible d'admettre que cette convention existe et qu'une clause pénale ait été introduite.

D'après le Code, « la clause pénale est celle par

[1] Lévy-Ullmann, *Obligations à primes et à lots*, p. 269.

« laquelle une personne, pour assurer l'exécution « d'une convention, s'engage à quelque chose, en cas « d'inexécution ». Or, ici, nous ne sommes pas en présence de dommages-intérêts; le but de la vente est simplement d'établir une base pour permettre de faire la liquidation du compte. Le solde de ce compte qui sera dû ordinairement au vendeur ne constitue pas des dommages-intérêts, mais le prix lui-même, l'objet de l'obligation. Et ce sont si peu des dommages-intérêts qui seront ainsi fixés d'après l'estimation de la valeur en Bourse, qu'il n'est pas impossible que la balance du compte se fasse au profit de l'acheteur et que ce soit au banquier vendeur à payer la différence. Pour que cette hypothèse puisse se présenter, il suffit de supposer que la valeur vendue ait beaucoup augmenté en Bourse depuis la conclusion du contrat et que sa cote au moment de la revente soit bien supérieure à sa cote primitive.

Rien ne ressemble moins à une clause pénale que la convention suivante prise dans une espèce soumise aux tribunaux : « En cas de refus de paiement du « débiteur, le montant de l'achat effectué pour son « compte deviendra exigible de plein droit en totalité..... Celui-ci perdra tous ses droits au dit achat, « dont la valeur au cours officiel de la Bourse de « Paris du lendemain devra être portée au crédit de

« son compte, le solde de ce compte devant courir « en faveur de qui de droit. »

Il est impossible de voir là autre chose que la fixation du système de liquidation qui établira les droits respectifs des parties en cas d'inexécution par le vendeur de son obligation. Or, nous prétendons précisément que ce système de liquidation est prohibé par l'article 2078 du Code civil. Car voici en quoi consiste cette liquidation : en cas d'inexécution de l'obligation de l'acheteur, le banquier vendeur créditera cet acheteur de la valeur du titre qui lui est resté en gage ; il en fera ce que bon lui semblera, il le vendra ou se l'aproppriera à son choix.

La liquidation consistera dans la cession du gage au créancier.

Or, le pacte commissoire consiste précisément à se passer de la justice pour réaliser le gage dont est nanti le créancier. Les formalités établies par le Code civil pour cette réalisation l'ont été dans l'intérêt du débiteur, et comme celui-ci, pressé par le besoin, pourrait souvent consentir à renoncer à cette protection, la loi a pris soin de déclarer que toute clause contraire serait nulle.

Comme l'ont fort bien dit les décisions judiciaires que nous avons citées précédemment et comme l'a fait remarquer M. Mack, la combinaison de la clause de nantissement et de la clause de résiliation, fait en définitive ce que la loi défend, car elle constitue un pacte commissoire. Elle aboutit, en effet, à ceci : le créancier qui est resté détenteur du titre peut en disposer et s'en considérer comme propriétaire dès que l'acheteur a laissé impayée une échéance ou deux selon la convention. Il peut, sans autorisation de justice, en faire ce qu'il lui plaît, le vendre, en disposer librement, car il en est propriétaire.

La liquidation se réduit à ceci : le créancier a reçu en paiement le gage dont il était nanti. C'est justement là le pacte commissoire et c'est ce qui est prohibé par l'article 2078.

Toutefois, nous devons convenir que si notre clause constitue, sans doute possible, un véritable pacte commissoire, ce pacte commissoire est ici sans danger.

Que la revente en Bourse soit réelle ou qu'elle soit fictive, le résultat est toujours le même, et à peu près tel que peut le désirer la loi, quoique les formalités par lesquelles on l'atteint ne soient pas celles qu'elle a prescrites.

En effet, si le Code a exigé une vente pour réaliser le gage laissé au créancier, c'est afin d'éviter que celui-ci ne cède à la tentation de s'approprier l'objet dont il est nanti, parce que les créanciers n'acceptent en général en gage qu'une chose d'une valeur supérieure au montant de leur créance.

Voilà les motifs qui ont dicté l'article 2078.

Mais ici rien de pareil n'est à redouter : la valeur, dont le vendeur se trouve nanti, est cotée en Bourse ; par conséquent, que la vente ait lieu ou qu'elle soit fictive, on pourra toujours déterminer la valeur du gage, d'après une estimation certaine et sérieuse, d'où seront exclus tout arbitraire et toute dépréciation.

Ainsi, nous croyons que la clause commissoire n'offre, dans notre matière, aucun danger, ce qui ne veut pas dire que nous l'approuvions. Nous avons présenté là une simple réflexion de fait, qui ne change en rien la question de principe : nous estimons, au contraire, que cette clause viole l'article 2078, et qu'elle doit, en conséquence, être annulée.

Si nous partageons l'avis de M. François, sur l'existence du pacte prohibé, nous ne saurions admettre avec lui, ou du moins pour les motifs qu'il en donne, que notre opération n'est pas sérieuse et n'est qu'une simple loterie, parce qu'elle se traduit « en un simple jeu d'écritures, avec paiement d'une différence ». Loin de là, notre vente se termine comme toutes les opérations de Bourse, comme tous les comptes, par une liquidation. Evidemment, et il serait puéril de lui en faire un reproche, il n'y aura pas transfert effectif de la totalité des deniers ; l'acheteur débité, au moment de la vente de la valeur du titre vendu, sera crédité par le banquier vendeur, au moment de la liquidation de la valeur du titre en Bourse, plus toutefois les versements par lui effectués, jusqu'à la résiliation du contrat. Entre ces deux comptes s'établira une différence, et le solde sera dû par l'une des parties.

Cette liquidation ne nous paraît pas donner à la vente à tempérament le caractère d'un jeu de Bourse ; elle nous paraît tout à fait régulière. Ce que nous critiquons, c'est la façon dont on a permis à cette liquidation de s'effectuer, c'est sa base elle-même ; elle repose, en effet, sur la cession de la propriété du gage au vendeur, à titre de paiement.

Mais si nous reconnaissons, avec les tribunaux, l'existence du pacte commissoire, nous ne saurions nous associer aux déductions qu'ils en tirent. Voici comment s'exprime le jugement, rendu le 6 décembre 1898 par le Tribunal de la Seine, sur les conclusions de M. le substitut François :

« Attendu qu'ainsi comprise, la clause de résilia-
« tion par le créancier du gage, lequel ne constitue
« cependant qu'un simple dépôt, va à l'encontre de
« l'artice 2078, § 2, du Code civil ; que cette contra-
« vention aux dispositions formelles de cet article
« frappe de nullité, non seulement la clause, mais
« le contrat, dont elle est la condition fondamen-
« tale. »

Il nous semble que ce sont les termes du jugement qui vont à l'encontre de l'article 2078, § 2, du Code civil, en déclarant la nullité, non seulement de la clause, mais encore de la vente tout entière.

L'article visé se termine ainsi : « Toute clause qui « autoriserait le créancier à s'approprier le gage ou « à en disposer, sans les formalités ci-dessus, est « nulle. »

« La clause est nulle », dit l'article, et non pas ; « entraîne la nullité du contrat » : le texte est formel.

Pour que toute la vente fût frappée de nullité, par l'insertion de cette cause, il faudrait qu'elle fût nécessaire au contrat lui-même, qu'elle en fût la condition fondamentale ; en un mot, qu'une fois cette clause retranchée, le contrat n'eût plus de raison d'être. Or, il n'en est pas ainsi : que l'on supprime cette clause, et l'opération se liquidera d'après les principes du droit commun, qui prévoient précisément cette situation et la soumettent à certaines formes. Le désir de s'y soustraire ne peut être considéré comme la condition fondamentale et comme le but du contrat.

La vente, abstraction faite de la clause litigieuse, est une opération normale, produisant des effets ; elle doit donc être maintenue et la clause, seule, doit disparaître, ainsi que l'exige l'article 2078 *in fine*.

Pour nous résumer, nous croyons que la combinaison ordinairement adoptée par les vendeurs à tempérament des clauses de nantissement et de résiliation constitue un pacte prohibé, et qu'il est du devoir des tribunaux de l'annuler chaque fois qu'elle se présentera.

Mais nous estimons qu'ils ne peuvent tirer de l'application de l'article 2078 C. C. qu'une nullité partielle, et qu'ils ne peuvent l'invoquer pour faire tomber le contrat lui-même.

Quels que soient les dangers et les mauvais résultats pratiques des ventes à tempérament de valeurs à lots, nous croyons qu'on ne saurait les combattre au moyen de l'article 2078. A nos yeux, le vice de ces opérations est plus radical ; il a son siège dans leur principe lui-même.

§ IV. — *Du fractionnement du prix ou de la clause de tempérament proprement dite.*

Nous avons cherché à montrer dans le cours de cette étude avec quelle méfiance, justifiée peut-être, la jurisprudence avait dès le début accueilli la vente à tempérament et quelles armes elle avait successivement employées pour la combattre.

Nous avons montré que les tribunaux s'étaient tour à tour attaqués à la majoration du prix, à la séparation des intérêts pendant un temps déterminé, aux clauses de nantissement, de disposition ou de résiliation ; qu'ils avaient invoqué tantôt la loi de 1836, tantôt les articles 1174 ou 2078 C. C.

De l'étude de tous ces débats nous avons conclu que la jurisprudence, tout en poursuivant un but de justice s'était laissé entraîner dans une voie trompeuse et qu'elle s'était méprise en n'attaquant que les clauses accessoires du contrat, qui, en elles-mêmes, étaient parfaitement légitimes.

Nous voudrions maintenant montrer que c'est par leur principe même que pèchent les ventes à tempérament qui nous occupent ; que c'est le fractionnement du prix, le tempérament qui engendre les funestes résultats pratiques qui ont frappé tous les jurisconsultes.

Nous croyons que, sans qu'il soit nécessaire de recourir à une mesure législative, les tribunaux peuvent trouver dans les lois actuellement existantes sainement interprétées, l'arme, grâce à laquelle il est possible de conjurer les dangers de la vente à tempérament de valeurs à lots.

L'échelonnement du prix de vente d'une valeur à lots nous paraît constituer une dérogation formelle aux lois spéciales qui autorisent l'émission de ces valeurs.

Et voici nos raisons : ces lois fixent un minimum pour les coupures d'obligations émises. Il est interdit d'en émettre à un taux moindre que celui fixé par la loi d'autorisation.

Or, en faveur de quelles personnes est édictée cette disposition ?

Evidemment, c'est une mesure de protection pour les acheteurs ; le législateur cherche à les protéger, ou du moins cherche à protéger une certaine catégorie d'acheteurs, contre l'aléa et le jeu.

C'est, du reste, ce que constate M. Labbé :

« Une loi spéciale, dit-il, déroge dans une cer-
« taine mesure et sous certaines conditions à la loi
« de 1836. Elle veut faire réussir une opération sé-
« rieuse de prêt en y joignant accessoirement l'appât
« d'un gain éventuel. Elle exige de celui que le
« sort et son prestige attirent, un déboursé, un
« placement d'une certaine importance. Elle mora-
« lise ainsi ce que l'espoir d'un gain, sans travail,
« a de peu digne d'encouragement. Elle combine et
« pondère les conséquences de la dérogation qu'elle
« apporte à une loi de moralité et de protection
« pour les gens vivant au jour le jour, parmi les-
« quels la loterie faisait le plus de victimes. »

Ainsi, voilà qui est bien certain et bien net, le but de la fixation d'un taux minimum pour les coupures d'obligations à lots a pour but d'écarter les acheteurs modestes ou de ne les admettre que dans certaines conditions faisant de leur opération un placement sérieux.

Nous croyons pouvoir montrer que le fractionnement du prix rend illusoire la précaution du législateur.

Non seulement la Cour de cassation n'a pas attaqué cette disposition, ainsi que le constate M. Labbé, en disant : « Une remarque fort importante à faire, « c'est que la Cour régulatrice n'a pas désapprouvé « la vente d'une valeur à lots moyennant un prix « payable par fractions » ; mais encore elle l'a approuvée en termes formels[1] : « Attendu qu'il n'existe « aucune disposition de loi qui prohibe la vente « des obligations à lots, moyennant un prix payable « par acomptes successifs. »

Malgré l'autorité de la Cour suprême, nous prétendons qu'il existe une disposition de loi qui prohibe la vente des obligations à lots, moyennant un prix payable par acomptes successifs, et c'est la loi spéciale qui autorise l'émission.

Elle fixe une valeur minima de la coupure pour écarter toute une catégorie d'acheteurs; abaisser le prix, c'est permettre à ceux que la loi avait voulu écarter de prendre part à l'opération.

Nous entendons bien que par la vente à tempérament, la valeur nominale n'est pas diminuée. M. Lévy-Ullmann le constate et il ajoute : « Le frac« tionnement ne lèse aucune condition essentielle,

[1] 14 mars 1894, précité.

« il ne porte, en aucune façon, sur la valeur du « titre; le prix seul est divisé[1]. »

Le prix seul est divisé, c'est vrai ; c'est-à-dire que la valeur nominale n'a pas changé, mais seulement la valeur vénale. Eh! bien, cela n'est-il pas suffisant pour bouleverser totalement les conditions dans lesquelles l'émission a été autorisée? Cela ne rend-il pas inutile la fixation d'un minimum du prix des titres ?

Qu'a limité la loi d'autorisation? Qu'a-t-elle eu en vue, la valeur ou le prix? Evidemment, c'était la valeur nominale : c'est pour celle-ci qu'elle a fixé un minimum!

Mais en agissant ainsi, le législateur ne se préoccupait que des ventes au comptant : par suite, il devait penser que la valeur nominale et le prix se confondraient, ou que, s'il devait y avoir une différence, elle serait au profit du prix, qui tendrait à monter. Voilà ce que lui conseillait la logique, et voilà pourquoi il a agi ainsi. Son but était atteint, puisque limiter la valeur nominale du titre paraissait le meilleur moyen d'écarter toute une catégorie d'acheteurs.

Mais voici que, grâce à un nouveau procédé de vente, sans contrevenir directement à la lettre de la

[1] Ouvrage précité, p. 251.

loi, vous allez à l'encontre de son esprit, vous méconnaissez sa volonté pourtant claire et formelle. Le fractionnement du prix va permettre à ce petit capitaliste qu'eût écarté la nécessité de payer son prix comptant, ou en une seule fois à une certaine échéance, de tourner l'obstacle et de se rendre acquéreur d'une obligation à lot!

Peut-on toujours dire que la valeur du titre vendu n'a pas varié? Si cela est vrai d'une façon absolue, n'est-ce pas faux d'une façon relative, c'est-à-dire de la façon dont le considérait le législateur qui l'a organisée? La valeur a été abaissée par rapport à l'acheteur.

Il nous semble bien, dès lors, que la loi qui a autorisé l'émission se trouve violée. Elle avait placé une barrière pour empêcher toute une catégorie d'entrer dans une combinaison qu'elle considérait comme dangereuse; vous respectez la barrière, mais, par-dessous, vous creusez un accès pour faire entrer les exclus.

Evidemment, l'esprit de la loi est faussé; sa volonté est méconnue!

En n'admettant pas ce raisonnement, la Cour de cassation, qu'on nous permette de le dire, a quelque peu manqué de logique.

En 1866, en effet, la Cour suprême condamnait « l'émission de coupures d'obligations avec primes

« lorsque, par ce moyen, la chance de lots se trouvait « attribuée à des capitaux inférieurs à la somme pré- « cise et invariable fixée par la loi comme condi- « tion de la création d'obligations à primes[1] ».

A trois reprises, cette même année, elle désapprouvait les cessions fractionnées d'obligations à primes ou à lots. Ces cessions fractionnées ne constituent pas, il est vrai, la vente à tempérament dont nous nous occupons ici ; pour qu'il en fût ainsi, il aurait fallu que le fractionnement portât sur le prix. Mais ce qui est intéressant dans ces décisions, ce sont les motifs que donne l'arrêt ; en déclarant qu'il était interdit d'attribuer les chances de lots « à des capitaux inférieurs à la somme précise et invariable fixée par la loi », la Cour ne faisait qu'adopter les conclusions de M. le conseiller Nouguier, qui fut rapporteur dans ces trois affaires. Quelques phrases par lesquelles le rapporteur attaque le fractionnement des chances de lots, peuvent être appliquées au fractionnement du prix lui-même. C'est le résultat auquel arrive ce fractionnement que flétrit le rapporteur ; or, ce résultat est le même dans les deux cas.

Il pose en principe que l'on n'a pas le droit « de « faire des cessions fractionnées, lorsque ce frac-

[1] 24 mars 1866, S. 66, I, 340, précité.

« tionnement amène au nombre de ses résultats la « violation des lois prohibitives des loteries[1] » ; cela posé, voici comment se continue son raisonnement : les lois spéciales d'autorisation qui dérogent à la loi de 1836 en réglant les conditions d'émission des valeurs à lots fixent un minimum, au-dessous duquel ne peuvent descendre les titres d'obligations, et le but de cette disposition est de placer un correctif à l'aléa de ces opérations, pour protéger « ceux qui, « n'ayant pas d'épargne, vivent au jour le jour..., de « les défendre ainsi contre la contagion de cette « fièvre de l'aléa, qui a fait si souvent de si nom- « breuses victimes dans les classes pauvres ».

Ainsi, M. le Conseiller rapporteur le reconnaît, le but des lois d'autorisation, en fixant un minimum pour les coupures d'obligations, est d'écarter les petites bourses des spéculations dangereuses.

Dans ses trois arrêts, la Cour suprême a adopté cette manière de voir. Or, puisque c'est ce motif qui l'a portée à condamner le fractionnement des obligations, la même raison ne l'obligeait-elle pas à condamner également comme une atteinte à la loi de 1836 tout fractionnement du prix d'un titre d'obligation, puisque son effet doit être de le mettre à la portée de gens qui, sans ce tempérament, n'eussent pu s'en rendre acquéreurs ?

[1] S. 66, 1, 340, précité.

Pour nous, ces raisons nous paraissent établir péremptoirement que c'est à ce résultat que conduit inévitablement le fractionnement du prix.

Mais on objecte à notre raisonnement que le but du législateur, en fixant un minimum à la valeur des coupures d'obligations, n'a pas été d'empêcher les bourses modestes de se rendre acquéreurs des valeurs à lots, mais de ne le faire qu'en déboursant une somme assez élevée pour que l'opération constituât un placement sérieux.

Tout ce qu'a exigé le législateur « de celui que le « sort et son prestige attirent, c'est un déboursé, « un placement d'une certaine importance [1] ».

Et M. Labbé, reprochant au tribunal de Nancy d'avoir commis une exagération de doctrine en déclarant que le prévenu « s'était tenu en dehors de « l'autorisation accordée, par le fractionnement ar- « bitraire du prix, qu'un règlement d'administration « avait fixé comme prix ferme d'achat d'obliga- « tion [2] », s'attache à démontrer qu'il y a une différence considérable entre le fractionnement du prix et la division du titre, bien que ces deux modifications semblent, au premier abord, offrir autant de danger l'une que l'autre. Cette différence consi-

[1] Labbé ; Note précitée.
[2] Nancy, 11 novembre 1881, précité.

dérable consiste en ce qu'en cas de fractionnement du prix, l'acheteur devient propriétaire dès le début et finalement acquitte un prix assez considérable, puisque, ordinairement même, il est majoré ; il fait donc, en définitive, un placement sérieux : il ne concourt à la chance du lot que moyennant un déboursé minime peut-être dans le passé, mais éventuellement et définitivement considérable.

Quand le titre est divisé, l'acheteur peut concourir à l'opération moyennant un déboursé insignifiant.

C'est pourquoi M. Labbé approuve l'arrêt de la Cour de Nancy, infirmant le jugement que nous avons cité tout à l'heure : « Cet arrêt, dit-il, a décidé, « par de très bonnes raisons suivant nous, que, s'il « est illicite de diviser des valeurs à lots autorisées « sous des conditions spéciales que la volonté des « particuliers ne saurait changer, il est permis de « céder ces valeurs sans division, sans modification, « moyennant un prix payable par fractions. »

Tel est le raisonnement : en soi, le fractionnement du prix est licite. Sans doute, l'acheteur pourra se trouver acquérir un lot important après un versement minime, mais il n'y a là rien d'illégal parce que l'acheteur acquittera intégralement son prix, et qu'il n'est pas libéré par les échéances auxquelles il a fait honneur antérieurement au tirage. La vente est donc sérieuse, par suite, puisqu'il y a placement réel, les motifs qui ont inspiré la loi d'autorisation sont respectés, puisqu'il n'y a pas à redouter que l'opération dégénère en un simple jeu. Le lot n'est plus qu'un accessoire : c'est l'appât qui encourage à faire un placement utile : en fin de compte, cette vente à paiements fractionnés aboutit à un résultat moral et utile.

En vérité, est-ce bien là la question ? Nous contestons que l'opération soit licite ; on nous répond qu'elle est utile !

Nous prétendons que la loi d'autorisation a, par crainte des abus, prohibé cette opération ; on nous répond que les craintes du législateur étaient sans fondement et on conclut à la légalité de l'opération.

Quoique ce raisonnement nous paraisse plus habile que juridique, nous l'acceptons tel qu'il est pour le combattre. Nous croyons qu'il peut se résumer ainsi : le fractionnement du prix ne déroge pas à la loi prohibitive des loteries, parce qu'il ne fait pas de la vente à tempérament une loterie ; le fractionnement met l'opération à la portée de gens qu'avait voulu en écarter la loi d'autorisation, mais cela est permis, puisqu'ils font un placement sérieux et utile, et que, dès lors, il n'y a plus de raison de les écarter.

Contentons-nous de rappeler en deux mots ce

que nous disions de l'utilité économique de la vente à tempérament de valeurs à lots au début de cette étude.

Prenons un acheteur à tempérament sérieux et désireux de faire un placement. Après le tirage, où il n'a pas gagné de lot (c'est dans cette hypothèse qu'il nous faut raisonner pour apprécier le placement, le lot ne constituant qu'une exception infiniment rare), il continue à acquitter les échéances de son prix. C'est un ouvrier sans capitaux sans doute, mais ayant du travail et en retirant un salaire honnête ; il peut satisfaire à toutes ses échéances en trois ans, par exemple.

Pendant ces trois ans, les sommes qu'il versait, c'est-à-dire le capital qu'il plaçait ne lui aura rien rapporté que la chance de gagner un lot. Les coupons d'intérêts étaient encaissés, gardés par son vendeur ; on se récrie, il est vrai, et on refuse de reconnaître la validité de cette clause de retenue des intérêts. Nous avons cherché plus haut à en démontrer la validité, n'insistons pas, toutefois : concédons que notre acheteur a touché les coupons d'intérêts pendant les trois ans qu'il a mis à acquitter son prix. Prenons, par conséquent, la vente à tempérament telle qu'elle devrait être et non telle qu'elle est !

L'ouvrier a donc touché les intérêts ; même ainsi

a-t-il fait, comme on le prétend, un placement sérieux? Les intérêts de l'obligation à lots ne sont pas très élevés, puisque c'est par des retenues faites sur ces intérêts mêmes que sont constitués les lots. Allons cependant au fond des choses : l'acheteur à tempérament touche-t-il en réalité du 2 1/2 0/0 ou du 3 0/0? assurément non! puisqu'on lui sert l'intérêt d'une obligation représentant un capital de 150 francs, et qu'il a engagé, à cause de la majoration inévitable et légitime du prix, un capital de 200 francs. Par conséquent ce placement sérieux qui légitime aux yeux de M. Labbé le fractionnement du prix n'existe pas à proprement parler et ce fractionnement offre tous les dangers qu'avait voulu éviter le législateur.

Continuons et examinons ce qui bien souvent se passe dans la réalité : l'acheteur qui n'a contracté que déterminé par l'amorce du lot, renonce à continuer ses paiements après un premier tirage infructueux.

La liquidation de son compte se fait, nous le voulons bien, avec toutes les garanties possibles; une revente sérieuse a lieu en Bourse et il est crédité de ce prix chez son banquier vendeur.

A quoi se réduit ce placement si avantageux?

Le voici : il est débiteur du prix majoré de 200 francs; il a fait un premier paiement de 20 francs par exemple : il est donc encore débiteur de 180 francs. L'obligation est revendue en Bourse au prix de 150 francs qui est son cours normal ; la balance s'établit, et l'acheteur se trouve encore devoir 30 francs.

Où donc est le placement ? Y a-t-il là autre chose qu'un jeu, une loterie ? Il a payé 30 francs la chance de gagner un lot.

Et ce qui lui a permis de faire cette détestable, cette ruineuse opération c'est le fractionnement du prix, qui l'y a incité, en mettant à sa portée un moyen facile de céder à cette « fièvre de l'aléa » dont parlait M. Nouguier.

Nous retrouvons ici la même atteinte à la loi de 1836 que dans l'exemple suivant cité par la Cour de cassation en rejetant un pourvoi formé contre un arrêt de la cour de Limoges (31 janvier 1885). La Cour suprême relevait comme une dérogation à l'autorisation le fait de ne délivrer les titres d'obligations à l'acheteur qu'après le dernier versement, et de convenir que jusqu'à ce moment celui-ci n'aurait point droit aux intérêts mais seulement aux chances de lots.

Le danger était, d'après la Cour, que l'acheteur n'eût voulu faire une simple loterie, et qu'aprés un ou deux versements, il ne renonçât à continuer ses versements. Les échéances acquittées précédemment ne seraient devenues que des enjeux versés par l'acheteur afin de pouvoir prendre part aux tirages. Nous avons montré que le fractionnement du prix conduisait au même résultat pratique.

La vérité, il faut bien le reconnaître, c'est que ce qui fait le succès de la vente à tempérament, c'est précisément qu'elle n'est pas un placement sérieux, mais un simple jeu de hasard. L'acheteur est fasciné par la modicité de la somme qui lui donne droit à un lot et par la facilité qu'il a de renoncer à l'opération après un essai infructueux. Enlevez ces facilités de rompre le contrat, affranchissez la vente à tempérament de toutes les clauses qui l'accompagnent en pratique et qui attirent les foudres des auteurs et des tribunaux, forcez l'acheteur à débourser un capital assez important pour faire un placement utile, vous l'aurez moralisée, mais vous lui aurez enlevé sa séduction. En pratique, personne n'y aura plus recours !

Grâce aux nombreux procès qu'a soulevés cette opération, la lumière s'est faite et l'expérience a montré que les belles espérances qu'on avait conçues au sujet de la vente à tempérament des valeurs à lots étaient loin d'être justifiées ; qu'au lieu d'encourager l'épargne, elle favorisait la spéculation et le jeu, et que le nombre allait croissant de ceux qui, séduits par l'appât d'un heureux hasard, souscrivaient des engagements ruineux ou qui, en tous cas, les détournaient des placements sérieux, les seuls véritablement utiles et profitables aux classes peu aisées.

Ce sont ces constatations d'une expérience trop évidente qui ont dicté les conclusions de M. le Substitut François.

Ce sont elles également qui nous dictent les nôtres.

Nous avons montré que tribunaux et jurisconsultes, croyant remédier aux inconvénients de cette opération, s'étaient attaqués aux clauses inhérentes dans la pratique à notre vente ; mais l'expérience a montré que, les clauses supprimées, le mal subsistait. C'est pourquoi nous l'avons cherché plus haut, et nous l'avons montré viciant le principe même de la vente à tempérament.

Mais le montrer n'était pas suffisant, il fallait le combattre, et voilà ce que nous avons osé proposer.

Les tribunaux ont une arme à leur portée ; la loi de 1836 prohibe les jeux de hasard. Il n'y a d'exception que pour l'acquisition des valeurs à lots ou à primes qu'une loi spéciale autorise, en en déterminant les conditions d'exercice.

Toute dérogation à une de ces lois spéciales constitue une atteinte à la loi prohibitive des loteries.

Or, le fractionnement du prix transforme l'opération en une véritable loterie, il viole les conditions d'autorisation ; c'est pourquoi les tribunaux nous paraissent devoir faire à la fois œuvre d'équité et de justice en déclarant ce mode de vente contraire à la loi de 1836.

DEUXIÈME PARTIE

DE LA VENTE A TEMPÉRAMENT DES MEUBLES CORPORELS.

CHAPITRE PREMIER

ÉTUDE DE LA VENTE A TEMPÉRAMENT DES MEUBLES AU POINT DE VUE ÉCONOMIQUE.

Nous venons de voir dans la première partie de cette étude le rôle de la vente à tempérament des valeurs à lots : son rôle théorique et pour ainsi dire idéal qui est de permettre aux travailleurs l'acquisition de valeurs d'un prix trop élevé pour eux dans les conditions d'une vente ordinaire, et son rôle réel et pratique, qui est bien quelquefois celui qu'indique la théorie, mais qui trop souvent est de cacher une opération aléatoire, de masquer sous une apparence licite un véritable jeu.

Examinons maintenant quel est celui de la vente à tempérament des meubles.

L'utilité de ce contrat est de permettre aux bourses modestes ou aux petits capitalistes de se procurer des objets d'utilité ou même d'agrément, auxquels, sans cette combinaison, ils eussent dû renoncer.

Ce système de vente peut s'appliquer à toutes sortes d'objets ; mais il est employé plus particulièrement, en pratique, pour la vente des meubles qui sont nécessaires à tous les ménages même les plus pauvres, ou indispensables à l'exercice de certaines professions et que leur fabrication soignée ou compliquée maintient à un prix relativement élevé.

Sans économies, en effet, comment débourser tout d'une fois une somme importante pour l'acquisition de ces objets? Il faut de toute nécessité que le vendeur fasse crédit et la meilleure sorte de crédit, dans l'espèce, sera la vente à tempérament. Le vendeur ne réclame au début de l'opération et pour transférer la propriété de l'objet, qu'un versement très minime : pour le reste du prix, il est facile, au moins théoriquement de l'acquitter, puisqu'il s'échelonne sur un espace de temps assez long, ce qui réduit chaque fractionnement à un prélèvement peu sensible sur le salaire de l'acheteur.

L'ouvrier qui gagne cent francs par mois, en supposant qu'il n'ait pas d'autres économies, ne pourra faire que très difficilement l'acquisition d'un mobilier de trois cents francs, par exemple, s'il lui faut payer comptant. Au contraire, si son vendeur ne lui réclame immédiatement qu'un premier versement de vingt francs et que, pour le surplus il puisse acquitter sa dette en prélevant sur ses ressources mensuelles une somme de dix francs, l'acquisition de ce mobilier deviendra possible.

Voyez chaque matin tous ces ouvriers et ces petits employés qui descendent des boulevards extérieurs et de tous les quartiers éloignés pour gagner l'usine ou le bureau, montés sur de rapides bicyclettes qui abrègent leur chemin ou leur évitent des moyens de transport plus coûteux. S'ils ont pu se procurer ces moyens de locomotion, dont l'emploi paraissait réservé aux classes aisées, c'est grâce à la combinaison des prix fractionnés.

Demandez à l'ouvrière, qui gagne péniblement son pain en cousant et en piquant à la machine, comment elle a fait pour se procurer ce précieux instrument? C'est encore grâce à la vente à tempérament. C'est elle qui lui a permis d'éviter de longues veilles et d'augmenter son travail et par là son salaire, en se procurant une de ces machines d'un prix élevé, qui semblaient réservées à ceux qui possédant déjà une certaine aisance, devaient s'en servir non pas précisément comme d'un gagne-pain, mais qui devaient y trouver une facilité, une commodité de plus.

Cette opération a donc une grande utilité pratique, puisqu'elle offre des moyens de crédit aux classes modestes, mais elle n'est cependant point sans quelque danger. Le maniement du crédit demande toujours une grande prudence.

L'ouvrier, le paysan, le petit employé qui voit la possibilité d'acquérir en faisant des versements peu élevés des objets à la possession desquels il ne croyait pas pouvoir songer, se laisse facilement tenter par l'offre qui lui est faite et il s'engage, comptant sur l'avenir qui lui promet les fonds nécessaires! Mais l'avenir ne lui apporte souvent que des charges nouvelles. C'est une bouche de plus à nourrir, ce sont les accidents ou la maladie, et alors réduit à son salaire devenu insuffisant, l'acheteur crédité se trouve dans l'impossibilité de remplir ses engagements.

Il a contracté une obligation trop lourde pour lui ; il s'est laissé aveugler par l'éloignement de l'échéance, entrainé par la tentation, il n'a pensé qu'aux hasards heureux de l'existence, négligeant les éventualités malheureuses.

Aussi, maintenant que ses espérances se sont évanouies, l'opération qui devait lui apporter des facilités plus grandes pour gagner sa vie, l'a conduit à la ruine. En effet, les échéances restant impayées le solde du prix est devenu immédiatement exigible et l'acheteur ne pouvant acquitter une fraction de sa dette ne peut à plus forte raison l'acquitter tout entière.

La classe à laquelle s'adressent les vendeurs à tempérament n'est pas en général assez prudente pour faire la part de l'imprévu et elle se laisse facilement séduire par des annonces engageantes telles que celle-ci que nous trouvons dans les prospectus d'un commerçant qui pratique sur une vaste échelle la vente que nous étudions ici :

« Beaucoup de personnes, dit cette réclame, exer-
« çant des professions libérales, des artistes, des fonc-
« tionnaires, etc... d'autres se mettant en ménage,
« s'installant à la campagne ou voulant s'établir,
« trouvent dans les avantages offerts par l'adminis-
« tration D. la facilité de gagner de suite et progres-
« sivement l'argent qu'ils auront à lui payer plus
« tard. »

Tel est le séduisant programme, telle est l'amorce. Sans doute, grâce à leur installation ainsi facilitée, quelques-uns augmenteront leur fortune et réaliseront ce programme ; quelques-uns s'enrichiront, mais beaucoup se ruineront.

Le calcul des chances que l'industriel habile met ainsi sous les yeux des naïfs acheteurs pour les éblouir est d'une précision irréprochable, ce qui ne l'empêche pas en fin de compte d'être inexact, car il y a des facteurs dont il ne tient pas compte : ce sont les revers possibles, les calamités, les infortunes ; or trop souvent l'expériencee se charge de prouver qu'on n'a pas le droit de baser un calcul d'avenir sans faire entrer en ligne de compte les éventualités fâcheuses, de calculer sans le malheur possible.

« Un accident fait-il que je rentre en moi-même. »
« Je suis Gros-Jean comme devant. »

peut dire l'acheteur imprudent, et encore cela n'est-il pas tout à fait exact, car il n'est plus dans la situation où il se trouvait avant de contracter, il a en plus une dette à payer. Il n'a pas simplement manqué de s'enrichir, il s'est appauvri.

Il est donc facile de voir les dangers pratiques de la vente à tempérament. Elle peut entraîner l'acheteur à faire inconsidérément des dépenses exagérées pour sa bourse ; elle développe ses besoins réels ou factices et avive ses désirs en mettant à sa portée, du moins immédiatement, des objets d'un prix élevé. Il s'engage donc et, plus tard, incapable de payer, il se trouve poursuivi et saisi, ce qu'il eût peut-être et probablement évité, en ne faisant pas l'achat, en résistant à la séduction des offres spécieuses de facile libération présentées par un commerçant adroit.

Est-ce une raison suffisante pour prohiber la vente à tempérament? Nous ne le croyons pas, car elle a de réels avantages ; nous les avons montrés.

Comme nous le faisions remarquer dans la première partie de cette étude, il ne faut passer par-dessus les dangers du crédit que lorsque les avantages qu'il procure, leur font un contre-poids suffisant.

Nous avons adopté une solution opposée en matière de valeurs à lots. La situation en effet nous a paru bien différente. Il n'y a aucune similitude entre la vente à tempérament de meubles et la vente à tempérament de valeurs à lots.

Nous avons cherché à montrer que le banquier qui vend une valeur à lots moyennant un prix fractionné contrevient à une loi spéciale, car l'émission de ces obligations n'est permise que d'une façon exceptionnelle, moyennant des conditions déterminées : or, justement le fractionnement du prix déroge à ces conditions. Rien de tel ne se passe au contraire quand l'objet de la vente est un meuble corporel quelconque. L'opération peut à un point de vue économique présenter des dangers pour l'acheteur, mais juridiquement elle est irréprochable : elle ne contrevient à aucun texte, à aucune disposition de la loi.

Toutefois, pour qu'il en soit ainsi, au moins faut-il qu'elle respecte certaines conditions, que nous examinerons tout à l'heure.

Dans les deux hypothèses, la cessation ou la suspension des paiements amènera le même résultat : après une échéance restée infructueuse, le surplus du prix deviendra immédiatement exigible. Le bénéfice du terme est perdu, quand une mensualité n'est pas acquittée.

Mais en matière de vente de valeurs à lots, le banquier aura un moyen facile de recouvrer le solde du prix qui lui est encore dû ; le titre de l'obligation vendue n'est jamais sorti de ses mains : il le revendra en Bourse au nom de l'acheteur, fera une balance des comptes et se paiera ainsi du prix qui lui est dû, ou au moins de la plus grande partie de ce prix, car si une différence est encore due par l'acheteur, elle sera probablement minime eu égard à la totalité du prix, et le vendeur aura par conséquent beaucoup de chances de la recouvrer.

Les choses se passeront tout différemment dans la seconde hypothèse, le vendeur sera simplement créancier du solde du prix, et n'aura d'autre moyen de rentrer dans ce qui lui est dû que d'employer les voies que le droit commun met à la disposition de tout créancier.

Nous avons, du reste, montré que cette différence constituait pour la vente des valeurs à lots un pacte prohibé par l'article 2078.

Cette différence dans la façon dont les vendeurs pourront recouvrer leur créance, tient à la différence essentielle, fondamentale entre nos deux hypothèses.

Le vendeur d'obligations, avons-nous dit, garde

un gage ; il ne se dessaisit pas du titre vendu, il est ainsi à couvert de l'insolvabilité de son acheteur. Bien différente, au contraire, est la situation du vendeur d'un meuble à crédit ; il livre immédiatement l'objet vendu et se trouve, par conséquent, complètement découvert ; que son débiteur vende l'objet acheté à tempérament et devienne insolvable, et le vendeur perdra à la fois sa chose et son prix.

Cette situation rend incontestablement plus intéressant le vendeur de meubles que le vendeur d'obligations ; d'autant plus que ce dernier ne se constitue cette situation privilégiée qu'en fraudant la loi.

Cette différence s'explique par la nature même des objets vendus ; la jouissance qu'on peut retirer d'un titre d'obligation ne suppose pas nécessairement la possession, il suffit d'en toucher les coupons d'intérêts, ou, quand il s'agit d'une valeur à lots, d'avoir droit aux lots qu'elle peut gagner. La jouissance que procure un meuble, au contraire, ne va pas sans sa possession, elle consiste dans l'usage habituel qu'on peut en faire. C'est pourquoi le vendeur, même dans la vente à crédit, doit en faire la livraison immédiate, autrement la vente serait sans objet. Le vendeur livre donc immédiatement l'objet, mais il se trouve alors dépouillé de toute garantie.

C'est ce qu'indique la réclame dont nous citions précédemment quelques lignes :

« Tous ceux qui ne possèdent que des revenus à « échéance fixe et qui, sans les facilités accordées « par M. D..., seraient obligés d'attendre de longs « mois pour réaliser leurs désirs, trouvent dans la « vente par abonnement le moyen pratique d'obtenir « ce résultat sans grever leur budget..... M. D... ne « fait rien payer pour les avances qu'il fait. Il devient « ainsi le banquier gratuit de ses clients, puisqu'il « n'exige d'eux ni billets à ordre, ni frais, ni intérêts « d'aucune sorte, et qu'il se contente comme garantie « de leur probité et de leur moralité. »

Nous verrons quelles prétentions ont émises certains vendeurs à tempérament pour se protéger contre l'insolvabilité de l'acheteur.

Remarquons en passant que les vendeurs à tempérament ont été souvent amenés à majorer le prix de vente de façon à compenser les risques qu'ils couraient. C'est pourquoi ce système ne peut être employé d'une façon avantageuse pour l'acheteur que par de très grands magasins ; dans de pareilles maisons, en effet, le commerçant n'est plus obligé de majorer ses prix ; il trouve dans le grand nombre de ses affaires la compensation de ses risques, dans la multiplicité de ses ventes la réparation des pertes qu'il subit.

Le danger que court le vendeur de meubles est encore plus grand à un autre point de vue que celui auquel se trouve exposé le vendeur d'obligations, ou, plus exactement, il est un danger que peut redouter le premier et que le second n'a pas à craindre, voici comment :

Si l'acheteur étant devenu insolvable, une revente a lieu, la situation ne sera point égale. L'obligation vendue sera revendue en Bourse probablement le même prix qu'elle avait été vendue par le banquier, ou au moins son cours en Bourse sera le même que celui qu'elle avait au moment de la formation du contrat ; peut-être sera-t-il plus élevé.

L'objet vendu à tempérament, au contraire, perdra certainement de sa valeur et sera revendu beaucoup moins cher que la première fois ; l'usage qu'en a fait le propriétaire, l'aura détérioré, et par suite aura amoindri sa valeur et l'aura même peut-être anéantie.

En un mot, quelle que soit la durée du crédit, l'obligation à lots ne perd point sa valeur ; il en est autrement du meuble qui dépérit chaque jour par l'usage qu'on en fait.

Il est donc facile de voir qu'il y a une profonde différence entre la vente à tempérament de valeurs à lots et la vente à tempérament de toutes sortes de meubles.

Toutes les comparaisons que nous avons faites entre ces deux hypothèses peuvent se résumer ainsi : dans le premier cas, nous avons un contrat qui est, par son résultat, d'une inégalité choquante ; le vendeur est à l'abri de tous les risques, ceux-ci sont laissés entièrement à l'acheteur ; et s'il les accepte ainsi, c'est qu'il est trop heureux de prendre part, même dans ces conditions, à une opération dont l'aléa le fascine et que la loi lui interdisait. Cette opération, que l'on présente comme un puissant encouragement donné à l'épargne dans les classes modestes n'est, en réalité et en pratique, qu'une facilité donnée aux joueurs et aux spéculateurs. On a voulu exploiter un sentiment peu moral, l'amour des gains de hasard, pour lui faire produire un résultat moral et heureux : l'épargne ; on n'a abouti qu'à un résultat digne du principe, on a favorisé le jeu.

Pour vivre dans ces conditions nuisibles, la vente des valeurs à lots a été obligée de tourner la loi ; elle l'a fait avec une grande habileté ; mais nous espérons cependant avoir fait apercevoir qu'elle était vulnérable sur certain point.

La vente à tempérament des meubles, au contraire, établit une égalité de risques parfaite entre les deux contractants ; et cette simple remarque doit, dès l'abord, lui attirer les sympathies en écartant l'idée d'une spéculation sur la classe nécessiteuse, d'une exploitation des besoins du travailleur.

Elle est fondée sur un principe moral, car elle est basée sur les besoins des ouvriers et non sur l'amour du lucre. Son résultat est assez heureux, et la pratique nous montre qu'elle satisfait davantage les parties que le contrat précédent ; car les contestations déférées aux tribunaux, très fréquentes dans la première hypothèse, sont très rares dans celle-ci.

Elle respecte, enfin, les principes généraux et ne viole aucune disposition législative particulière.

Mais, cependant, pour que cette opération réunisse ces avantages, elle doit remplir certaines conditions que nous allons maintenant examiner.

CHAPITRE II

ÉTUDE DE LA VENTE A TEMPÉRAMENT DES MEUBLES AU POINT DE VUE JURIDIQUE.

Nous avons vu que la différence fondamentale entre les deux sortes de vente à tempérament que nous avons étudiées consistait dans ce fait que le banquier ne livrait pas les titres vendus, tandis que la livraison du meuble était immédiatement faite par le vendeur.

La conséquence en était que le vendeur d'obligation était protégé contre l'insolvabilité de son acheteur, tandis que le vendeur de meuble se trouvait sans aucune garantie.

Aussi devant ce danger pratique, quelques vendeurs à tempérament contestèrent-ils à l'acheteur la disposition de la chose, et prétendirent-ils qu'il n'en devenait pas propriétaire avant d'avoir acquitté son prix.

La raison de cette prétention est facile à discerner, elle se comprend par elle-même : si le contrat intervenu est une vente véritable, si, malgré le crédit accordé, l'acheteur est devenu propriétaire définitif de l'objet vendu à tempérament, il pourra, dès le début, et avant d'avoir acquitté son prix, le revendre, l'aliéner, en disposer enfin comme bon lui semblera, car il a acquis sur cet objet tous les droits du propriétaire, même le *jus abutendi*. Aussi poussé par la crainte de perdre à la fois sa chose et son prix, le vendeur n'a reconnu à l'acheteur le droit de jouir de la chose qu'à titre de locataire, ce qui lui enlevait la faculté d'en dispcser.

Grâce à ce système, l'acheteur a la jouissance de la chose, et c'est ce qu'il désire, par conséquent son but est rempli ; le vendeur, de son côté, est garanti, puisque son acheteur, ou plutôt son locataire, ne peut disposer de l'objet ; s'il vient donc à suspendre le paiement des mensualités, qui sont devenues les échéances d'un loyer, il pourra reprendre sa chose en invoquant l'article 1741 du Code civil.

Lorsque toutes les échéances du loyer auront été payées, leur réunion formera le prix ; le louage cessera pour faire place à la vente ; l'acheteur deviendra propriétaire définitif.

Cette combinaison est fort ingénieuse, mais nous croyons qu'elle ne saurait être admise. Nous allons, par son analyse, montrer les raisons qui nous ont décidé.

§ Ier. — *Comparaison avec le contrat de louage.*

Remarquons d'abord la grande analogie extérieure qui existe, au premier abord, entre le louage et la vente à tempérament. La silhouette de ces deux contrats est la même ; il est fort difficile, par suite, de les distinguer. Tant qu'elle ne fait que jouir de la chose, la partie qui l'a en sa possession se comportera de même qu'elle possède à titre de locataire ou à titre de propriétaire. Les versements périodiques qu'elle fait peuvent être aussi bien les échéances d'un loyer que les fractionnements d'un prix.

Cette similitude a été encore augmentée par le nom quelquefois donné à la vente à tempérament de vente par abonnement. Mais l'abonnement constitue un louage, car il suppose que le débiteur remplit son obligation successivement, et ce terme nous paraît impropre, car l'abonnement paraît bien être le contraire même de la vente-à tempérament.

Dans la vente par abonnement, il y a bien fractionnement, mais le fractionnement, au lieu de porter sur le prix, porte sur l'obligation qui est la cause du service de ce prix, et le prix, au lieu d'être fractionné, est ordinairement versé en une seule fois, ainsi en est-il pour les abonnements de chemins de fer, pour les bains ; quelquefois, ce système est employé pour les pensions, par exemple dans les villes de garnisons, pour la nourriture des officiers ou des sous-officiers, mais il y a une différence avec les espèces que nous signalions plus haut ; ici, le prix est ordinairement payé après le service d'un certain nombre de repas déterminé. Ce contrat nous paraît être, à plus proprement parler, un louage, car le prix ne sera dû que proportionnellement au service de la pension.

L'abonnement, en somme, constitue tantôt une vente, tantôt un louage.

Quoi qu'il en soit, nous croyons qu'il est inexact d'appliquer ce terme à la vente à tempérament, qui nous paraît précisément en être le contraire.

Bref, indépendamment de cette question de dénomination, il nous faut examiner si la prétention de voir un louage dans le début de la vente à tempérament est licite. Nous ne le croyons pas ; la prétention de combiner les deux opérations, de greffer un louage sur une vente fait de notre contrat une opétion bizarre et indécise, qui contient, sinon légalement, au moins moralement, une stipulation usuraire.

Les parties n'ont pas le droit de greffer ainsi deux opérations pour en faire un produit aussi étrange qu'indécis. Le louage et la vente ont chacun leurs règles, qui s'imposent ; on ne peut prendre les unes pour rejeter les autres.

De deux choses l'une : ou les contractants ont entendu conclure une vente sérieuse, et alors, dès le début, l'acheteur étant devenu propriétaire, se trouve avoir acquis le droit de disposer librement de l'objet, ainsi que le peut faire tout propriétaire; ou, au contraire, les parties n'ont voulu faire qu'un contrat de louage, et alors, quelque prolongé que soit l'espace de temps pendant lequel le locataire paiera les échéances, il ne deviendra jamais propriétaire. Ses versements seront toujours les échéances d'un loyer et ne pourront jamais, quel que soit le total de leur réunion, constituer un prix.

On objecte que toutes les conventions qui ne sont pas proscrites par la loi ou les bonnes mœurs peuvent être librement faites et que l'ingéniosité des parties peut inventer telle combinaison qui leur plaira pourvu qu'elle n'ait rien d'illicite. Or, ici tel est le cas, ajoute-t-on, car la vente à tempérament ainsi comprise n'est que la juxtaposition dans le temps de deux opérations parfaitement régulières, le louage et la vente; cette juxtaposition qui n'est pas même concomittante ne saurait constituer une convention illicite.

Nous n'acceptons pas ce raisonnement.

Les contractants ont voulu conclure une vente à crédit : c'était leur but final; l'acheteur ne s'est déterminé à conclure l'opération que dans l'intention d'acquérir immédiatement la propriété de l'objet, et s'il avait su ne devenir que locataire, peut-être le plus souvent n'eût-il pas contracté.

D'où vient donc ce louage qui se greffe sur la vente? Dans toutes les espèces soumises aux tribunaux, nous avons pu constater qu'il n'en était jamais parlé au moment de la conclusion du contrat, que cette prétention ne se révélait que postérieurement et selon l'occurrence!

C'est une invention du vendeur, qui trouve, grâce à ce moyen, une garantie contre l'insolvabilité possible de son acheteur. Que celui-ci, en effet, fasse de mauvaises affaires et le vendeur ne pourra se faire payer le solde du prix qui lui est dû, si l'acheteur surtout a revendu l'objet. Mais avec le système du louage précédant la vente, les risques de l'insolvabilité de l'acheteur sont en grande partie supprimés. Il n'a pas le droit, dans cette hypothèse, de disposer de la chose louée; par conséquent, s'il vient à suspendre les paiements de ses mensualités qui sont qualifiées d'échéances de loyer, le vendeur, prétextant un louage, reprendra sa chose.

En somme, les parties ont voulu conclure une vente, et il n'y a louage que d'une façon éventuelle; le vendeur se réserve de montrer l'opération sous ce jour pour le cas où son acheteur deviendrait insolvable.

Eh ! bien, nous estimons qu'il n'a pas ce droit : il a vendu la chose et l'acheteur en est devenu propriétaire ; cela résulte toujours en fait des termes de la convention, mais ce qui doit nous décider en théorie, c'est que cela résulte du but que se proposaient les contractants, et de la façon dont ils ont calculé les échéances.

Que va-t-il arriver, en effet, si l'acheteur suspendant ses paiements, le vendeur reprend l'objet à titre de locateur ?

L'acheteur aura payé jusqu'au moment de son insolvabilité des échéances trop élevées pour n'être que la représentation de la jouissance de la chose.

Il les perdra donc complètement et cela sans aucune compensation. Car l'objet ne pouvait lui être utile qu'en admettant qu'il en devînt complètement propriétaire et non s'il ne devait en avoir que le simple usage.

Quant au vendeur, il encaissera un bénéfice considérable, ces échéances étant calculées non comme les termes d'un loyer représentatif de la jouissance de l'objet, mais bien comme les fractionnements d'un prix représentatif de la propriété. Après avoir acquis une valeur qui souvent ne sera pas loin d'égaler celle de l'objet, le vendeur va en plus se trouver avoir l'objet lui-même.

Il touche le prix de la chose sous le nom de loyer,

il le cumule avec la propriété de l'objet qu'il n'a pas perdue un seul instant ! Une telle solution est inadmissible.

Mais pourquoi cette prétention de voir un louage dans notre opération n'apparaît-elle en pratique qu'au moment où les affaires de l'acheteur étant en mauvais état, le vendeur court risque de n'être point payé? Pourquoi n'est-elle pas nettement formulée au début du contrat ?

Le vendeur ou le locateur, car nous ne savons quel nom lui donner, craint de la trop mettre en lumière, et il la tient pour ainsi dire en réserve, afin de s'en prévaloir, s'il se trouve en avoir besoin à un moment donné.

La raison en est simple : l'opération vue sous ce jour peut être, nous venons de le voir, avantageuse pour le vendeur, mais elle pourrait aussi lui être très nuisible. Supposons, par exemple, que l'objet vendu vienne à périr sans la faute de l'acheteur : si notre opération n'est qu'un louage, la chose devra être remplacée ; en tous cas l'acheteur ou plutôt le locataire sera libéré des échéances qui lui restaient encore à verser pour parfaire le prix : car ces versements n'étant que la représentation de sa jouissance, il ne les doit plus quand cette jouissance a disparu.

Dans cette hypothèse, il est visible que l'intérêt du vendeur demande que l'opération soit considérée comme étant, dès le début, une vente ; si le débiteur des échéances est devenu aussitôt la conclusion du contrat, propriétaire de la chose, le vendeur ne devra pas remplacer l'objet qui a péri et l'acheteur aura l'obligation d'acquitter intégralement son prix ; c'est sa chose qui a été détruite.

Nous condamnons donc ce contrat bizarre, qui n'est, nous avons cherché à le démontrer, nullement conforme à l'intention des parties et qui n'est en somme qu'une prétention habile mais peu honnête d'un vendeur à crédit qui ne veut pas courir de risques, mais qui refuse d'employer les moyens légaux pour se protéger.

A nos yeux, la vente à tempérament est une vente et une vente véritable. Un crédit est accordé à l'acheteur pour le paiement de son prix, il est vrai, mais néanmoins la vente est parfaite dès le début et produit, aussitôt sa formation, tous ses effets.

Nous pensons d'abord que les mensualités payées par le débiteur constituent les fractionnements d'un prix et non les termes d'un loyer, et voici pourquoi : le loyer n'étant que la représentation de la jouissance de la chose, doit être inférieur au prix, qui, au contraire, représente la propriété complète, c'est-à-dire, en plus de la jouissance, la disposition pleine et entière, le droit d'user et d'abuser. Or, en un temps relativement restreint, la réunion des échéances arrive à constituer une valeur représentant la propriété complète de la chose : la réunion de ces échéances est donc un prix ; comment les fractionnements de ce prix peuvent-ils être considérés comme les termes d'un loyer?

Ils ne peuvent pas changer de nom, avec le moment où on les considère! Ce qu'ont en vue les parties, quand elles concluent un contrat de louage, c'est le rapport entre un terme de loyer et la durée correspondante de jouissance ; ce qu'elles ont, au contraire, pour objectif, quand elles concluent un contrat de vente, c'est la somme totale à recevoir pour balancer la cession de la chose. Or, ici, les parties fixent un prix total, correspondant à la valeur commerciale de la chose ; ce prix est ensuite fractionné, mais les fractionnements ne sont aucunement calculés sur la jouissance correspondante accordée au débiteur.

Les mensualités payées forment donc véritablement un prix, et c'est là le caractère essentiel de la vente.

De plus, et cela résulte du contrat lui-même, les parties ont entendu faire une vente et non un louage.

D'abord, faut-il admettre que l'acheteur ait été assez peu intéressé, pour dans un achat purement commercial et nullement de luxe ou de fantaisie, avoir payé exactement la valeur marchande d'une chose sans en devenir pour cela propriétaire, et pour n'exiger, en échange du prix qu'il a payé, d'autre titre que celui de locataire, d'autre droit qu'une simple jouissance ?

L'acheteur n'avait intérêt à conclure l'opération que s'il devait devenir propriétaire. Cela est facile à voir en matière de valeurs à lots, car c'est ce qui lui permet, dans le cas où son titre sortirait au tirage, de devenir propriétaire du lot à lui échu : c'est dans ce but qu'il a conclu l'opération.

Il en est de même, en notre matière : le jeune homme qui, au commencement de l'année, achète à tempérament une bicyclette, n'eût pas conclu l'opération, s'il n'avait dû devenir que locataire de sa machine et cela durant la mauvaise saison ; son but évident était d'en devenir immédiatement propriétaire, pour en profiter, en cette qualité, au retour des beaux jours.

Les échéances, d'ailleurs, sont trop élevées pour qu'on les puisse regarder comme les termes d'un loyer ; elles ne s'expliquent que comme les portions, les fractionnements d'un prix.

Nous estimons donc que la vente de meubles à tempérament est une vente, une vente véritable et sans mélange d'aucun contrat étranger.

La prétention d'y voir un louage n'est plus guère

élevée, d'ailleurs, aujourd'hui par les établissements importants qui usent de ce procédé de vente. Quand leur débiteur cesse le paiement de ses mensualités, ils ne revendiquent plus la propriété de l'objet et se contentent de réclamer le supplément de prix qui leur est encore dù.

Cette tendance a, du reste, été créée par la jurisprudence, qui a généralement refusé de voir un louage dans la vente à paiements fractionnés.

La pratique des affaires nous a montré qu'il en était toujours ainsi, quand la question était portée à l'audience des référés. Les décisions rendues en la matière sont ordinairement aussi en ce sens.

Remarquons enfin, et cela est maintenant incontesté, que la nature des contrats se détermine non par les termes dans lesquels ils sont définis, par le nom que leur ont donné les parties, mais par l'objet qu'elles se sont proposé.

C'est ce que constate un arrêt de la Cour de cassation du 28 décembre 1886 : « Attendu que la « nature des contrats se détermine, non par les « termes avec lesquels ils sont dénommés, mais par « l'objet même des conventions qu'ils renferment. »

Et nous pourrions citer dans le même sens un grand nombre d'autres décisions[1].

[1] Voyez notamment : S. 1867, 1, 407 ; — S. 1871, 1, 246 — S. 1873, 1, 227 ; — S. 1876, 1, 280 ; — S. 1879, 1, 83.

Les contrats possèdent, en effet, des caractères spéciaux et distinctifs que les parties ne peuvent méconnaître en donnant aux conventions qui les présentent un nom autre que celui fixé par le Code. C'est pourquoi le nom donné par les contractants à l'opération peut être utile au juge pour apprécier la nature du contrat qui lui est soumis, mais il ne saurait s'imposer à lui ; il n'a qu'une valeur très relative et très restreinte, ainsi que le constate M. Laurent : « Quand on interprète un contrat, n'est-ce pas « avant tout l'intention des parties contractantes « qu'il faut prendre en considération ? Sans doute, « quand il s'agit de choses sur lesquelles les parties « sont libres de faire telles conventions qu'elles « jugent convenables. Il est vrai qu'elles peuvent « encore, à leur gré, vendre ou louer une chose ; « mais il n'est pas en leur pouvoir de changer « l'essence des contrats ; si le contrat, qu'elles qualifient de louage, présente les caractères essen- « tiels d'une vente, ce contrat sera régi non par les « principes du louage, mais par les principes de la « vente. Les parties ne peuvent pas l'impossible ; or, « il est juridiquement impossible que la vente soit « un louage [1]. »

C'est cette vérité que nous paraît avoir mécon-

[1] Laurent, *Droit civil*, tome 25, p. 9 et suiv.

nue la Cour d'Alger dans un arrêt rendu le 18 février 1888.

Le vendeur réclamait la propriété des machines, objet du contrat, en prétendant qu'il y avait eu un louage avec promesse de vente, une fois acquittées toutes les échéances.

La Cour reconnaît d'abord que l'acheteur, au moyen de la convention, avait l'intention formelle de devenir propriétaire, d'acquérir la propriété des machines : « Attendu, dit la Cour, que, notamment, « le prix stipulé suffisait à lui seul à donner une « incontestable réalité à cette manière d'envisager la « commune intention des parties; qu'on ne com- « prendrait pas s'il s'agissait d'une simple location « que L... eût consenti à payer, sous forme de loyer, « des sommes équivalentes à la valeur des machines « louées.[1] »

La Cour reconnaît donc que l'opération ne pouvait se comprendre comme louage; elle décide cependant..... « que la vente demeurait provisoire- « ment imparfaite....., que L..., tombant en faillite « avant l'accomplissement des conditions stipulées « (le paiement intégral du prix), loin d'être *dominus* « *rei*, n'était encore qu'un simple locataire. »

Ainsi, la Cour dit qu'il y a dans la convention une simple promesse de vente, qu'une condition est

[1] *Revue algérienne,* 1888, p. 416.

imposée à sa perfection. Cependant, comme il faut trouver à quel titre l'acheteur détient l'objet, en attendant qu'il en ait acquis la propriété, la Cour décide que c'est à titre de locataire, alors que, tout à l'heure, elle écartait l'idée de louage.

Nous croyons que cette appréciation dénature complètement l'opération faite par les parties ; pour l'apprécier, il faut se reporter au moment de la formation du contrat. Les parties ont alors convenu d'un certain prix, c'est sa totalité qu'elles ont envisagée. Les fractionnements de ce prix n'ont été déterminés que d'après la durée du crédit et non d'après l'espace de temps compris entre deux échéances ; ce que les parties avaient donc en vue, c'était de déterminer une valeur correspondant au transfert de la propriété de la chose, ce qui est le signe distinctif d'une vente.

La Cour nous paraît faire une confusion, quand elle ne voit dans ce contrat qu'une simple promesse de vente, ou plutôt une vente conditionnelle ; il y a dès le début vente complète et vente parfaite, mais il y a vente à crédit. Or, le délai accordé pour le paiement du prix n'est pas une condition.

Comme le remarque un auteur : « Il ne faut pas « objecter que l'obligation de l'acheteur, ayant pour « cause l'obligation du vendeur, devient d'une réa- « lisation impossible. Ce qui est vrai seulement, c'est

« que si l'obligation du vendeur ne peut pas prendre « naissance, celle de l'acheteur ne naîtra pas non « plus faute de cause. Mais une fois que les deux « obligations sont nées, elles acquièrent une exis- « tence indépendante et doivent, par suite, être envi- « sagées séparément. »

Le paiement intégral du prix n'est pas la condition de l'obligation du vendeur ; celle-ci est née complète et parfaite. Elle est immédiate et actuelle et point du tout éventuelle ; ce qui est éventuel, c'est la résolution que le vendeur pourra demander de son obligation, si l'acheteur ne remplit pas la sienne ; c'est là une application du droit commun des contrats synallagmatiques.

Nous devons du reste reconnaître que cette opinion de la Cour d'Alger est restée isolée.

Un arrêt rendu par la Cour de Bourges, le 26 décembre 1887, avait donné dans une espèce semblable la solution inverse ; une étude fut faite de ces deux arrêts par M. M. Collin, dont nous citerons les lignes suivantes qui nous paraissent résumer les critiques que nous venons d'adresser à l'arrêt de la Cour d'Alger :

« Si condition il y a, dit-il, on n'en peut trouver « d'autre que le paiement intégral du prix. Voilà une « vente formée sous cette condition suspensive que « le prix sera intégralement payé. C'est oublier, « comme le fait très justement remarquer la Cour

« de Bourges : « que dans tout contrat de vente, le « paiement du prix est un droit actuel, irrévocable « et non éventuel, une charge, une cause d'aliéna- « tion ; qu'il ne peut donc être regardé comme un « événement futur et incertain ayant le caractère « d'une condition dans le sens juridique du mot.[1] »

Et c'est parce qu'elle ne voyait aucune éventualité, aucune incertitude dans l'existence de l'obligation du vendeur, que la Cour de Bourges, arrivant à la solution opposée à celle de la Cour d'Alger, déclarait que « la convention n'était pas une location ; qu'elle « était une vente pure et simple et non une vente « sous condition suspensive ».

C'est également cette solution qu'adoptait récemment la Cour de Liège, dans un arrêt publié par la « Loi » du 26 octobre 1899 : elle réforma le jugement du tribunal, par le motif qu'un « objet vendu à terme « n'est pas donné en location, que l'acheteur à terme « devient immédiatement propriétaire dès la livrai- « son de la chose[2]. »

Le journal judiciaire qui publiait cet arrêt ajoutait que cette décision ferait jurisprudence en la matière.

Nous croyons la jurisprudence à peu près fixée. Du

[1] *Revue algérienne,* 1888, p. 416, et la *Note* de M. Maurice Colin.

[2] *La Loi,* 26 octobre 1899.

reste, nous ne pouvons que souhaiter de la voir persévérer dans cette voie.

Les conséquences sont importantes, mais il faut les appliquer d'une façon complète. L'acheteur pourra donc, aussitôt que la chose lui aura été livrée, en faire tel usage qu'il voudra, la détruire, l'aliéner, en faire donation, sans qu'il puisse être inquiété à ce sujet par son vendeur. S'il l'introduit dans un immeuble loué, le privilège du propriétaire le frappera aussitôt : en cas de non-paiement du loyer, celui-ci pourra donc le faire vendre. L'acheteur tombe-t-il en faillite, ce meuble entrera dans la masse et sera le gage commun de tous les créanciers.

Réciproquement, si l'objet vient à périr par cas fortuit, avant le paiement complet du prix, l'acheteur devra acquitter intégralement son prix, parce qu'il est devenu propriétaire définitif à un moment donné et que, par suite, les risques sont pour lui.

Mais, dans la pratique, comment les tribunaux pourront-ils reconnaître en présence de quelle convention ils se trouvent? Au moment de la conclusion du contrat, les parties n'ont prononcé ni le mot de vente, ni celui de louage ; elles les emploient, au contraire, tous les deux, maintenant que des intérêts contraires les y invitent. Or, nous l'avons déjà dit : la silhouette des deux opérations est à peu près la même : des sommes sont versées à des échéances fixes, sont-ce les termes d'un loyer ou les fractionnements d'un prix ? la partie qui acquitte ces échéances possède l'objet : est-ce à titre de propriétaire ou à titre de locataire ? a-t-elle un simple droit de jouissance ou un droit complet de propriété ?

C'est là le criterium qui permet de distinguer les deux contrats, et il peut paraître au premier abord assez difficile de le dégager. Cependant, des différences tellement essentielles séparent les deux opérations, que nous croyons qu'on pourra assez facilement trouver la véritable intention des parties au moyen des considérations suivantes :

L'examen des usages du commerce fournira tout d'abord de précieux renseignements, surtout rapprochés des circonstances qui ont accompagné la formation du contrat.

C'est ainsi, par exemple, que l'on devra, presqu'à coup sûr, repousser l'hypothèse d'un louage, lorsqu'un ameublement, des tentures, auront été ainsi fournies à un fonctionnaire, à un ouvrier venant s'établir dans une ville ou dans un quartier où l'appellent une position fixe, des occupations sédentaires. Ou encore, si une machine est livrée à un industriel pour servir à une production ordinaire et générale de son industrie, et dont l'emploi ne paraît pas être passager et accidentel.

Mais ces considérations ne peuvent fournir que de

grandes présomptions ; ce sur quoi devra porter plus spécialement l'examen du juge, ce sera sur le montant des échéances. Il faudra voir si les termes payés représentent la valeur totale de l'objet ou ne sont que la contre-partie de la jouissance qu'on en peut retirer. Il faut apprécier si la prétention du créancier de voir un louage dans l'opération n'aboutirait pas à lui faire acquérir l'équivalent de la valeur de l'objet, et à en garder malgré cela la propriété ; si cette prétention ne favorise pas un cumul frauduleux basé sur le besoin que peut avoir de l'objet un acheteur gêné.

Il faudra voir sur quoi a porté l'accord des parties : si c'est le prix total qu'elles ont eu particulièrement en vue, si c'est, au contraire, le montant de chaque échéance qui a fixé leur attention.

Nous croyons que toutes ces considérations pratiques fourniront des renseignements grâce auxquels les tribunaux pourront fort bien distinguer du louage la vente à tempérament.

Ainsi envisagée, cette opération nous semble parfaitement régulière et licite ; elle est, du reste, fort utile en pratique, et rend les plus grands services. Mais pour qu'il en soit ainsi, ce ne peut être qu'à la condition qu'on la considérera comme une vente dès son début, et qu'on écartera toute prétention de la mélanger avec un autre contrat.

§ II. — *Comparaison avec la vente à réméré.*

Dans la pratique des affaires, beaucoup de personnes donnent au système de vente qui fait l'objet de cette étude, le nom de *vente à réméré.*

Nous avons entendu dénommer ainsi notre contrat tantôt par des commerçants peu versés dans la langue du Code, tantôt, au contraire, par des hommes exerçant des professions juridiques, mais n'ayant qu'une connaissance peu précise de la vente à tempérament.

Cette impropriété d'expression peut faire naitre quelque confusion dans les idées : aussi, croyons-nous devoir faire ici une rapide comparaison entre la vente à réméré et la vente à tempérament. Nous montrerons ainsi qu'entre les deux opérations il existe des différences et même des oppositions absolues.

En tous cas, pour qu'un rapprochement puisse même se présenter à l'esprit, il faut supposer la vente à tempérament telle que la pratiquent certains petits commerçants et notamment les facteurs de pianos, c'est-à-dire une *vente-location*, un contrat amphibologique, que nous avons précédemment critiqué.

Elle peut aussi présenter quelque similitude avec la vente à réméré, lorsqu'on la détourne de sa fonction normale pour lui faire masquer un prêt ; les deux opérations se rapprochent alors par leur but.

A sa formation, la vente à tempérament greffée sur un louage se présente comme une vente pure et simple, mais faite avec des crédits multipliés et successifs ; ce n'est qu'éventuellement que le contrat de vente peut être résolu, pour être considéré dans le passé comme un contrat de louage. Ce sera au cas où l'acheteur n'acquitterait pas toutes les échéances. En somme, c'est une vente faite sous une condition résolutoire.

Il en est de même de la vente à réméré, qui est une vente parfaite dès le début, mais résoluble, dans le cas où le vendeur offre, dans un délai donné, de rembourser à l'acheteur le prix de la vente et certains frais déterminés par la loi.

Mais dans la vente avec pacte de rachat, que va-t-il se passer si le vendeur use de la faculté qui lui est accordée par le contrat ? Il est certain que la propriété de l'objet vendu fera retour à l'ancien vendeur ; l'acheteur perdra tous ses droits sur cet objet, mais malgré cette translation de propriété, le contrat primitif détruit n'est pas remplacé par un autre prenant naissance dans le fait même qui a marqué la fin du premier.

En un mot, lorsque le vendeur use du pacte de rachat, tout est remis au même et semblable état qu'avant la première vente : tout se passe comme si ce premier contrat n'avait jamais eu lieu : il n'y a pas « contractus novus » ; il y a simplement « distractus ».

Dans la vente-location, il n'en est pas de même : si la condition résolutoire se produit, c'est-à-dire si l'acheteur ne satisfait pas à ses engagements, le contrat de vente est résolu, mais il y a, c'est du moins la prétention des commerçants que nous avons combattue, un autre contrat qui le remplace dans le passé, le contrat de louage. Les échéances versées sont gardées par le vendeur comme loyers. Il n'y a pas seulement « distractus » mais au moins rétrospectivement « contractus novus ».

Voici enfin une différence incontestable entre la vente à réméré et la vente à tempérament. Dans la première, l'acquéreur à pacte de rachat n'a qu'un droit résoluble ; par conséquent, il ne pourra transmettre qu'un droit également résoluble, et le vendeur exercera son action en réméré aussi bien contre un second acquéreur que contre le premier qui a traité directement avec lui. Le vendeur peut même agir directement contre lui, il le peut et son action est directe contre tous ; l'acheteur à réméré, quand il a revendu l'objet, n'a transmis qu'un droit résoluble comme le sien. Ainsi que le dit Troplong : « La résolu- « tion ne dérive pas d'une faute de l'acheteur ; elle

« prend sa source dans un acte de volonté du vendeur, dans une condition potestative affirmative. Il « suffit donc que le vendeur justifie de sa volonté et « de l'accomplissement de la condition auprès du « tiers qui possède la chose. La présence de l'ache- « teur direct ne saurait en rien retarder l'immi- « nence de la résolution [1]. »

Au contraire, dans la vente à tempérament, dès le début de l'opération, l'acheteur est devenu propriétaire et propriétaire définitif; par suite, il a pu transférer valablement la propriété de l'objet vendu à tempérament; s'il n'en était pas ainsi, il n'y aurait jamais eu vente, mais seulement location.

S'il ne paie pas une échéance dans la suite, la condition résolutoire se produit; que va-t-il se passer? La vente est valable comme faite par un juste propriétaire.

Le vendeur à tempérament, le premier vendeur, n'a donc qu'un droit : réclamer le paiement du prix, mais il ne saurait avoir aucune prétention légitime sur l'objet vendu. Par suite, la vente faite à un tiers par son acheteur à tempérament lui sera parfaitement opposable.

Il devait être plus prudent, exiger un gage par exemple; c'est ce que fait le banquier vendeur à

[1] Troplong, *De la Vente*, tome II, p. 270.

crédit d'une valeur à lots, qui, jusqu'à complet paiement du prix, retient par devers lui le titre d'obligation vendue et n'en abandonne pas la possession.

Voilà donc des différences essentielles qui distinguent nos deux opérations.

Comme nous le disions en commençant cette comparaison, la vente à tempérament peut présenter quelque analogie avec la vente à réméré, si on s'en sert pour masquer un prêt; et il est certain que la forme de ce contrat s'y prête fort bien.

Il faut remarquer que lorsqu'un prêt ne se forme pas au grand jour, mais se cache sous l'apparence d'un autre contrat, c'est que les parties ont des raisons de redouter la lumière; une telle convention recouvre ordinairement un prêt usuraire.

Il serait très facile aux établissements qui vendent à tempérament de pratiquer l'usure de la façon suivante :

Un acheteur, tenté par la marchandise offerte, hésite à conclure l'opération, malgré la modicité du déboursé immédiat. Le vendeur insiste, lui insinue qu'en tous cas il pourra revendre l'objet et en tirer comptant une somme qui l'aidera à sortir de son état momentané de gêne, et laisse même au besoin pressentir qu'il se chargerait de trouver l'acquéreur au comptant.

L'acheteur fait l'acquisition et, de retour chez lui,

reçoit un envoyé de l'établissement vendeur, qui vient proposer de racheter au comptant l'objet vendu à tempérament, lequel n'est peut-être même pas livré. Naturellement, le prix offert pour cette revente au comptant se trouve inférieur à celui dont est débiteur l'acheteur à crédit. Celui-ci, petit employé ou modeste ouvrier, accepte l'offre, séduit par la perspective de recevoir immédiatement une somme liquide, et la marchandise rentre dans les magasins dont elle vient de sortir, ou plutôt y reste sans déplacement effectif, moyennant le paiement à l'acheteur d'une somme inférieure à son prix d'achat.

En réalité, voici à quoi aboutit l'opération : un prêt a été consenti par le vendeur à tempérament. L'intérêt sera la différence entre le prix moyennant lequel l'objet a été vendu par l'établissement de crédit et le prix versé comptant par son agent en rachetant l'objet qui a servi de prétexte et de masque à ce prêt.

Supposons par exemple un étudiant qui achète à tempérament une armoire de cinq cents francs ; au moment de la livraison, peut-être même avant, un agent de la maison se présente qui lui propose de reprendre l'armoire moyennant 460 francs payés comptant.

Le meuble payé bien entendu par la caisse de la maison-vendeur rentre ou reste même dans ses magasins.

En réalité voici l'opération qui est intervenue : le vendeur a prêté à l'étudiant un capital de 460 francs moyennant un intérêt de 9 0/0 environ.

C'est l'usure déguisée sous le masque d'une vente à tempérament.

Ce danger n'est sans doute pas inhérent à ce genre d'opération ; mais celle-ci en fournit l'occasion et le facilite.

La fraude en cette matière n'est pas nouvelle, témoin ce fameux Mohatra dont nous parle Pascal, qui est une vieille méthode et « qui n'a que le nom « d'étrange », ce contrat est « celui par lequel on « achète des étoffes chèrement et à crédit, pour les « revendre au même instant à la même personne, « argent comptant et à bon marché [1]. »

C'est là une subtile méthode de tourner la loi, que l'on ne saurait admettre quand elle recouvre l'usure. Elle ne satisfait pas plus les principes du droit que la conscience du Provincial, même si « en vendant « il n'excède pas le plus haut prix des étoffes de cette « sorte, et qu'en rachetant il n'en passe pas le moindre, « et qu'on n'en convienne pas auparavant en termes « exprès ni autrement ».

Ainsi la vente à tempérament peut servir à déguiser un prêt actuel et immédiat ; et par là elle se rapproche de la vente à réméré.

[1] Pascal, 8e *Provinciale*.

Elle s'en rapproche donc par son but, mais elle en diffère cependant profondément.

D'abord dans la vente à réméré, c'est le vendeur qui se trouve dans une position gênée, qui en tous cas éprouve le besoin d'emprunter ; il subit cette clause dans l'espérance qu'il reviendra à meilleure fortune, il espère ne pas abandonner définitivement la propriété de l'objet vendu et pouvoir user de la faculté de rachat. Cette clause est stipulée en sa faveur.

La stipulation de paiements fractionnés, qui caractérise la vente à tempérament, est au contraire faite en faveur de l'acheteur.

Dans le premier cas, l'emprunteur est vendeur ; dans le second, il est acheteur.

Il y a une autre différence plus importante. Dans la vente à réméré, le prêteur se trouve toujours garanti des risques de l'insolvabilité de son acheteur, puisqu'il est devenu propriétaire de l'objet, dont la vente a servi de prétexte au prêt. On pourrait peut-être analyser ainsi l'opération : un prêt avec constitution de gage et pacte commissoire légal. Le prêteur, pour se payer, devenant propriétaire de la chose, objet du contrat, qui, sous l'apparence d'une vente, n'a été qu'une constitution de gage.

Dans la vente à tempérament, c'est le contraire : en cas d'insolvabilité, le prêteur est dépouillé de toute garantie, et n'a aucun gage entre les mains.

Pour qu'il y ait analogie, il faudrait qu'il s'agît non plus de la vente d'un meuble, mais de la vente d'une valeur à lot : dans ce cas, nous l'avons vu, le vendeur conserve un gage entre les mains.

Il nous paraît donc incontestable qu'il n'existe entre la vente à tempérament et la vente à réméré que des ressemblances de surface, et que ces deux contrats diffèrent profondément entre eux.

Quoi qu'il en soit, quelques bons esprits ont émis l'idée que l'on pourrait modifier les articles du Code relatifs à la vente à réméré pour les moderniser en y réglementant la vente à tempérament.

Ils se sont fondés sur ce que la vente à pacte de rachat est peu usitée dans la pratique moderne, et surtout qu'elle est mal employée et qu'elle jouit, en général, d'un assez mauvais renom, comme le constatait déjà Troplong[1] : « Il faut convenir que le « pacte de réméré n'est que l'enfance du crédit entre « particuliers..... Dans les provinces de l'Est, où les « mœurs sont familiarisées avec le régime des hypo- « thèques, on le regarde généralement d'un œil défa- « vorable; un homme délicat craindrait d'y avoir « recours, et il n'est guère stipulé que par ceux qui « veulent masquer des prêts usuraires. »

Et Laurent, de son côté, dit que : « ces machina-

[1] Ouvrage précité, p. 223.

« tions ténébreuses de la cupidité n'ont plus de rai-
« son d'être quand la stipulation du taux de l'inté-
« rêt est libre ».

Nous estimons aussi que la vente à pacte de rachat est une institution quelque peu surannée, qui devrait disparaître; mais nous croyons difficile et de plus inutile de remplacer les règles qui l'organisaient par des textes nouveaux, faisant de la vente à tempérament un genre de prêt analogue à l'ancien, mais plus conforme aux besoins de la pratique moderne.

Nous disons que cette tentative nous paraît difficile, parce que nous ne voyons entre les deux sortes de vente que des rapports extérieurs et de surface, et que des différences importantes et essentielles les séparent.

Nous la croyons de plus inutile et même funeste, car la vente des meubles à tempérament ne nous paraît mériter d'être encouragée que si on lui maintient strictement le caractère de vente définitive dès son début.

Nous ne voyons que des désavantages à créer une sorte de privilège ou de droit de gage spécial au profit du vendeur à tempérament, et d'encombrer ainsi notre droit moderne d'un nouveau contrat innommé.

TROISIÈME PARTIE

COUP D'ŒIL SUR LA LÉGISLATION.

Nous avons constaté, au cours de cette étude, que les tribunaux s'étaient montrés impuissants à réprimer les abus commis en notre matière ; la fréquence des contestations en est une preuve suffisante.

Une clause habituelle de la convention est-elle annulée par une décision de jurisprudence que, le lendemain, les vendeurs trouvent une autre combinaison qui donne bientôt naissance à de nouveaux débats.

Nous osons croire, nous l'avons dit plus haut, que cette impuissance des tribunaux tient à ce qu'ils n'ont point précisé le véritable vice du contrat.

Le législateur frappé, lui aussi, des abus commis et de l'inutilité de la répression, a cru devoir remédier à cette situation par une loi nouvelle.

Le 25 octobre 1890, M. Royer, député de l'Aube, fit à la Chambre une proposition dans ce sens[1]. Il

[1] *Journal officiel* du 26 octobre 1890.

commence, dans son rapport, par constater l'impuissance des tribunaux, et il en recherche la cause dans l'insuffisance des lois existantes : « Dans l'état « actuel de notre législation, les tribunaux sont im- « puissants à réprimer ces abus, et ils ont dû vali- « der ces sortes d'opérations dans lesquelles ils n'ont « pu trouver les éléments d'annulation exigés par « la loi. » Ce député propose, en conséquence, « d'édicter des dispositions nouvelles ».

Nous les croyons inutiles, parce que dans notre pensée, elles seraient insuffisantes ; les tribunaux, nous l'avons déjà exposé, nous paraissent avoir une arme très solide dans la loi spéciale d'autorisation à laquelle une grave atteinte est portée par le fractionnement seul du prix.

De l'étude que nous avons faite, nous avons cru pouvoir tirer cette conclusion que : la vente à tempérament, valable en principe, ne l'est plus quand elle s'applique à la négociation des valeurs à lots, parce qu'elle contrevient alors à une disposition formelle et spéciale, la loi d'autorisation. L'impuissance des tribunaux vient de leur timidité, ils n'ont pas cru pouvoir s'attaquer au principe lui-même : ils ont condamné des clauses accessoires qui sont mauvaises et illicites sans doute, mais qui ne sont illicites et mauvaises que parce qu'elles sont les conséquences d'un principe inacceptable.

Or, les projets de loi que nous étudions ici contiennent à nos yeux le même vice que les décisions de jurisprudence : ce sont des entraves imposées au vendeur ou plutôt aux parties dans l'exercice de l'opération ; ce n'est point la suppression du contrat.

On a cru inutile de le supprimer et possible de le moraliser. Nous allons dire pourquoi à nos yeux cette tentative est vaine.

Que le but du projet de loi soit simplement de moraliser la vente à crédit de valeurs à lots, cela n'est pas douteux ; M. Royer motivait ainsi les propositions qu'il soumettait à la Chambre des députés : « Elles ne tendent qu'à ce double but : éclairer « l'acheteur sur les conditions du contrat et établir « qu'il a donné son consentement en pleine con- « naissance de cause. »

Et dans le rapport sommaire consacré à l'examen de cette proposition, M. Vallé déclare qu'on peut la croire suffisante pour atteindre le but proposé : « On « pourrait peut-être se demander si, sans créer de « nouveaux délits, il ne suffirait pas de frapper de « nullité les opérations réalisées au mépris des pres- « criptions de la loi proposée, sauf à appliquer les « dispositions de l'art. 405 du C. P. en cas de ma- « nœuvres frauduleuses[1]. »

[1] *Journal officiel* du 27 novembre 1890.

Par là, le rapporteur proposait un adoucissement à la répression, en écartant l'application de l'art. 423 du Code pénal.

Pourtant, aux yeux du législateur, ce projet de loi ne devait être qu'un essai et il prévoyait son insuffisance possible.

C'est en faisant prévoir cette éventualité que le rapporteur de la proposition au Sénat, M. Cordelet, concluait : « Les mesures que consacre la proposition « de loi nous ont paru indispensables. Nous espé- « rons qu'elles seront suffisantes, c'est notre désir et « si elles ne l'étaient pas, le Parlement serait amené « peut-être à des mesures plus rigoureuses, dût la « suppression de ces opérations en résulter[1]. »

Les craintes manifestées par l'honorable sénateur nous paraissent pleinement justifiées ; nous estimons qu'une mesure plus radicale s'impose.

La préoccupation du législateur est d'éclairer complètement l'acheteur sur les conditions du contrat, de faire en sorte qu'il « ne donne son consentement qu'en pleine connaissance de cause ». Le législateur veut le prémunir contre son ignorance et sa naïveté. Or, il nous semble que tel n'est point son rôle; il n'a pas à se préoccuper de l'ignorance d'une certaine classe d'acheteurs; ceux-ci doivent

[1] *Journal officiel* du 20 janvier 1894.

être censés au courant des conséquences de leurs actes; le législateur n'a pas à protéger une naïveté exagérée, mais un type idéal et moyen d'acheteurs.

Ce contre quoi il a le devoir de protéger l'acheteur, c'est contre l'exploitation de son désir du lucre, de son amour du gain facile.

En un mot, il ne peut empêcher le vendeur d'exploiter la naïveté de l'acheteur, car c'est un défaut, et, par suite, une exception ; il peut, au contraire, et doit même le protéger contre les entraînements qu'engendre l'amour des richesses, car c'est là un sentiment commun à toute l'humanité, qui est un défaut ou une qualité suivant la direction qu'on lui donne, qu'on doit empêcher de suivre certaines voies, mais qu'on ne saurait supprimer, puisqu'il est la base du développement des sociétés.

La grande préoccupation de la loi nouvelle est de mettre sous les yeux de l'acheteur, au moment où il contracte, la majoration du prix, en lui donnant le cours en Bourse de la valeur qu'on lui propose à crédit.

« Ce qui caractérise surtout ces ventes, dit le rap-
« porteur de la loi au Sénat, c'est la majoration con-
« sidérable de la valeur des titres vendus. De l'aveu
« même des directeurs de plusieurs maisons de vente
« à crédit, l'exagération du prix correspond au
« moins aux deux cinquièmes, et plus ordinairement

« aux trois cinquièmes de la valeur du titre en « Bourse. J'ai produit des exemples où cette exagé-« ration atteignait quatre cinquièmes et presque « neuf dixièmes de la valeur..... Quel était le moyen « d'empêcher ces abus? C'était d'obliger le vendeur « à indiquer, dans le contrat, l'un des cours de la « Bourse cotés dans les quatre jours précédents. »

L'inconvénient est évident, l'abus est criant, nous le reconnaissons; mais ce que nous contestons, c'est la valeur du moyen proposé comme remède.

C'est pourtant celui que vient d'adopter, il y a quelques jours, la Chambre des Députés; voici le texte : « Art. 2. L'acte doit être fait en double origi-« nal et chacun des originaux en contenir la men-« tion. Chaque original doit indiquer clairement, en « toutes lettres et d'une façon apparente : 1° l'un des « cours cotés à la Bourse de Paris dans les quatre « jours précédant la cession, et, à défaut, le dernier « cours coté ;..... 3° le prix total de vente de chacune « des valeurs, y compris tous frais de timbre et de « recouvrement par la poste ou autrement..., etc. [1] »

De cette façon, l'acheteur, quelque peu au courant qu'il soit des choses de la Bourse, pourra facilement se rendre compte de la majoration du prix qui lui est demandé; il s'en rendra même compte, pour

[1] *Journal officiel* du 10 mars 1900.

ainsi dire, malgré lui et par le fait même du contrat.

Cela est vrai, mais est-ce là ce qui arrêtera l'acheteur et aura-t-on paré ainsi au véritable danger de l'opération ?

Nous croyons d'abord que ce n'est pas la différence entre le prix demandé et le cours de la Bourse qui attirera l'attention de l'acheteur.

La considération qui le frappera davantage sera le rapport entre la somme à débourser immédiatement et la somme à gagner.

On raisonne comme si on s'adressait à l'acheteur d'un titre d'obligation désireux de faire un bon placement et on le met en garde contre la majoration du prix ; mais c'est là une erreur.

Tout acheteur qui contracte ainsi n'a qu'un seul but, courir une chance de gain. Il veut si peu faire un placement qu'il refuse, même quand il en a les moyens, d'engager une somme importante, et que ce qui l'intéresse avant tout, c'est de savoir ce qu'il lui faut débourser immédiatement. Cette majoration du prix, nous avons essayé de le faire voir, empêche l'opération de constituer jamais un placement profitable pour l'acheteur. Mais qu'importe, le lui montrer ne l'empêchera pas de contracter, puisqu'il n'a nullement l'intention de faire un placement. Le vrai danger de l'opération, c'est justement de permettre à un ouvrier, à un père de famille sans capitaux, d'engager, de risquer une petite somme dans l'espoir d'en gagner une grosse ; le vrai danger consiste dans le transfert immédiat de la propriété contre un petit déboursé ; en un mot, c'est le principe même de la vente à tempérament qui constitue un abus ; c'est ce principe même qui entraîne les inconvénients que l'on veut éviter.

Ce qui frappe également l'acheteur, c'est la facilité de se retirer du contrat ; ce qui est précisément exclusif de l'idée de placement et caractéristique de la loterie.

Or, rien ne l'empêche de se retirer du contrat aussitôt qu'il le voudra, le lendemain du tirage par exemple. Il n'a qu'à laisser impayée la première échéance, et voilà le surplus de son prix exigible aussitôt ; le vendeur qui détient le titre en gage le vend en Bourse ou l'évalue suivant le cours de la Bourse. Les comptes se balancent ; l'acheteur paie une différence qui, avec ce qu'il a déjà déboursé immédiatement, constitue le montant exact du billet de loterie qu'il a acheté pour le tirage.

Qu'importe la façon dont doit se résoudre le contrat, le résultat sera toujours le même. Le texte, voté par la Chambre des Députés le 9 mars dernier, est muet sur ce point, qui avait fait l'objet d'une disposition spéciale dans le projet du Gouvernement présenté à la Chambre par M. Bertrand le 25 octobre 1898.

Le paragraphe deuxième de l'article 3 était ainsi conçu : « Faute par l'acheteur de satisfaire à tout ou « partie de l'engagement par lui souscrit, le vendeur « aura le droit, huit jours après une mise en « demeure par lettre recommandée, de faire vendre « à la Bourse, par le ministère d'un agent de change, « la valeur qui a fait l'objet du contrat. L'opération « sera arrêtée et liquidée à la date de cette vente. Le « vendeur se remboursera sur le produit net du « montant des sommes dues en capital, intérêts et « frais. Le surplus, s'il y en a, sera remis à l'ache- « teur[1]. »

Cette dernière phrase montre quelque naïveté de la part du législateur, ou au moins une grande illusion : avec la majoration inévitable du prix la différence ne sera jamais au profit de l'acheteur.

Nous ne dirons rien de l'article 4 du projet adopté par la Chambre : « Le vendeur est tenu de conser- « ver le titre vendu. Il ne peut ni s'en dessaisir, ni « le mettre en gage. Il doit le représenter à toute « réquisition de l'acheteur. Toute stipulation con- « traire est nulle. »

Nous nous sommes expliqués longuement sur ce point : la clause en question nous paraissait licite, et nous n'y voyions rien de contraire au droit com-

[1] *Journal officiel* du 26 octobre 1898.

mun. Elle pouvait simplement engendrer des difficultés de pratique dans l'exécution.

Ce sont ces difficultés que la loi veut empêcher, nous ne saurions l'en blâmer ; nous la croyions toutefois inutile.

Quoi qu'il en soit, elle ne touche qu'à un détail, et ne doit pas nous arrêter, car elle ne vise aucune question de principe.

Si nous ne désapprouvions pas le principe même de la vente à crédit de ces valeurs et le fractionnement du prix ; si nous admettions que l'opération n'a pas besoin d'être supprimée radicalement, mais seulement d'être moralisée, nous pourrions approuver pleinement l'article 3, dont la disposition reproduite dans tous les projets de loi sur la matière est ainsi conçue : « Les paiements fractionnés ne peu- « vent être échelonnés sur une durée de plus de « deux ans. »

Limiter ainsi la durée du crédit a un double avantage : d'abord, c'est un moyen d'éviter les réductions exagérées des fractionnements : on peut écarter ainsi certains acheteurs, ceux dont les revenus sont le plus modiques.

Ce premier avantage est minime, le second aurait plus d'importance.

C'est un principe certain que plus le crédit est accordé pour une longue durée et plus il est dangereux. Plus l'avenir est éloigné, plus il apparaît riche en espérances, plus nombreuses sont les illusions. On se rend, en effet, mieux compte des chances de gain probable pour un temps restreint : la part laissée à l'inconnu, et par conséquent aux illusions, est moins grande. C'est par application de ce principe que l'article 3 de la loi a fixé un délai maximum de deux ans pour l'échelonnement des versements fractionnés du prix. Il n'a pas voulu que les acheteurs s'engageassent imprudemment pour un temps trop long. Ce délai de deux ans pourrait leur épargner bien des surprises amères ; il est plus facile à une personne de prévoir quelle sera sa situation dans deux ans que dans cinq, par exemple ; il y aura moins d'écart entre son estimation et la vérité..

Cette mesure serait donc excellente, s'il s'agissait d'imposer des règles à une opération de crédit sérieuse. Mais ici, il est presque dérisoire de limiter le temps du crédit, puisque les parties ont presque toujours l'intention de résoudre immédiatement le contrat ou plutôt de le liquider de suite, aussitôt un premier tirage.

Toutes ces réformes sont bonnes en soi, elles sont insuffisantes.

Il y a une chose dont tout le monde convient, c'est que les loteries sont immorales et favorisent des désirs qu'un législateur prudent doit s'efforcer de réfréner. En France, on l'a compris, et la loi de 1836 a prohibé les loteries. Cependant, pour favoriser certaines entreprises commerciales, on a cru nécessaire d'autoriser des loteries, et encore ne les a-t-on pas laissées complètement libres, mais leur a-t-on imposé certaines règles. Nous n'avons pas à apprécier ici la valeur de cette exception apportée à la loi de 1836. Mais nous devons bien comprendre que la seule raison de cette exception a été l'intérêt du commerce et non celui des obligataires. On n'a pas du tout voulu, en autorisant ces émissions, encourager les particuliers à épargner et à faire un placement ; mais on a cherché à les protéger contre leur propre entrainement en fixant le minimum des coupures d'obligation, de façon à ce qu'en cédant à l'attrait, à la fascination du hasard, ils eussent à débourser une somme assez importante pour constituer en même temps un placement.

Pour que le but de la loi soit rempli, il faut donc à peu près nécessairement que l'opération ait lieu au comptant. Pour que la part d'aléa que comporte l'achat de la valeur à lot soit compensée, la loi veut qu'il y ait un déboursé important, un placement immédiat. Si vous admettez le crédit dans l'opération, à un placement présent et certain, vous en substituez un éventuel, moins avantageux par les conditions de l'achat ; l'exception introduite par la loi ne s'explique plus. On rentre dans le domaine de la pure loterie.

Nous ne nous sentons portés à aucune faveur pour les valeurs à lots, mais puisque la loi les autorise, nous croyons que leur négociation ne peut être sans danger que si elles sont vendues au comptant.

La majoration inévitable du prix, quand elles sont vendues à crédit, détruit le placement ; la facilité de se les procurer immédiatement moyennant une somme insignifiante entraîne à les acheter inconsidérément et viole la loi qui a voulu qu'elles ne fussent transférées qu'en échange d'une somme importante, déboursée immédiatement et constituant un placement sérieux.

La loterie n'est permise qu'accompagnée du placement ; nous croyons que le crédit accordé rend absolument illusoire ce placement, il ne reste donc que la loterie, on ne saurait l'autoriser.

C'est pour toutes ces raisons que nous croyons inutiles et vains tous les efforts tentés par le législateur pour moraliser la vente à tempérament des valeurs à lots.

Nous ne lui avons trouvé que des inconvénients, nous croyons qu'il faut la supprimer.

Pour le présent, nous estimons que les tribunaux

peuvent atteindre ce but par une saine et exacte application de la loi. Le fractionnement du prix déroge formellement aux lois d'autorisation qui fixent le minimum des coupures d'obligation.

Pour l'avenir nous croyons qu'il faut adopter cette solution radicale que prévoyait le rapporteur de la loi au Sénat quand il disait que si les mesures proposées n'étaient pas suffisantes, « le Parlement serait « amené peut-être à des mesures plus rigoureuses, « dût la suppression de ces opérations en résulter ».

Et en terminant cette étude, nous ne pouvons que souhaiter de voir une loi compléter prochainement l'œuvre de 1836 en prohibant d'une façon formelle et sous des peines rigoureuses la négociation des valeurs à lots autrement qu'au comptant.

Vu :

Le Doyen,
GLASSON.

Le président de la Thèse,
André WEISS.

Vu et permis d'imprimer :
Le Vice-Recteur de l'Académie de Paris,
GRÉARD.

LOI RELATIVE A LA VENTE A CREDIT

DES VALEURS DE BOURSE

CHAMBRE DES DÉPUTÉS (Séance du 9 mars 1900)

Journal officiel du 10 mars.

Art. 1er. — Sera déclarée nulle, sur la demande de l'acheteur, sans préjudice de tous dommages-intérêts, même s'il y a eu commencement d'exécution, toute cession, quelque forme qu'elle emprunte, consentie par acte sous signatures privées, de valeurs ou parts de valeurs cotées à la Bourse moyennant un prix payable à terme en totalité ou en partie, si elle contrevient à l'une des prescriptions des articles 2 et 3 ci-après.

Art. 2. — L'acte doit être fait en double original et chacun des originaux en contenir la mention.

Chaque original doit indiquer clairement, en toutes lettres et d'une façon apparente : 1° l'un des cours cotés à la Bourse de Paris dans les quatre jours précédant la cession, et, à défaut, le dernier cours coté ; 2° le numéro de chacune des valeurs vendues ; 3° le prix total de vente de chacune des valeurs, y compris tous frais de timbre et de recouvrement par la poste ou autrement ; 4° le taux d'intérêt, les délais et conditions de remboursement.

Art. 3. — Les paiements fractionnés ne peuvent être échelonnés sur une durée de plus de deux ans.

Art. 4. — Le vendeur est tenu de conserver le titre vendu. Il ne peut ni s'en dessaisir ni le mettre en gage. Il doit le représenter à toute réquisition de l'acheteur.

Toute stipulation contraire est nulle.

Il en est de même de toute clause ou de toute mention dérogeant directement ou indirectement aux règles générales de la compétence.

Art. 5. — Le vendeur qui aura détourné, dissipé ou mis en gage, au préjudice de l'acheteur, le titre qu'il avait vendu, sera puni des peines portées en l'article 406 du Code pénal. L'article 463 pourra être appliqué.

Art. 6. — Il est interdit aux établissements qui se livrent à la vente à crédit des valeurs de Bourse de faire entrer dans leur dénomination les mots « Caisse d'épargne ». Leurs directeurs sont, en cas de contravention à cette défense, passibles d'une amende de 25 à 3.000 francs.

Art. 7. — Les dispositions de la présente loi ne sont pas applicables aux ordres de Bourse.

ALENÇON. — IMP. VEUVE FÉLIX GUY ET Cie

www.ingramcontent.com/pod-product-compliance
Ingram Content Group UK Ltd.
Pitfield, Milton Keynes, MK11 3LW, UK
UKHW021151260726
13994UKWH00001B/399

9 782329 471198